무심의 마음으로 살아라

무심의 마음으로 살아라

비움이 곧 채움이 되는 마음의 지혜

21세기북스

어른이 되는 길

"난 참 바보처럼 살았군요~"라는 노랫말이 있다. 나도 이 심정에 공감하며 가끔 따라 부르곤 한다. 그런데 바보처럼 살지 않는 방법이 있을까? 있는데 나만 모르는 것일까? 한국인의 평균수명을 기준으로 인생의 3/4분기를 보내고, 마지막 한 분기만 남긴 이 시점에서 이런 생각이 자주 드는 걸 보니 이제야 좀 철이 드는가보다.

요즈음 들어 갑자기 나는 기뻐서 주체할 수가 없다. 복권에 당첨된 사람처럼 정말 좋다. 바보처럼 살지 않는 방법을 드디어 알아냈다고 혼자 좋아서 야단이다. 내가 위대한 철학자가 된 기분이다. 이 들뜬 기분을 감당하지 못해 이를 알리고자 책이라는 것을 쓰기 시작했다. 진리를 깨달은 삶! 바로 이것이라고 소리친다.

세상 사람들이 제 자식들에게 많은 재산을 물려주려고 야단이다. 부모로서 당연하다는 생각도 들지만, 만물의 영장인 사람이 하는 일로써는 참 바보 같은 짓이다. 그깟 재산 아무리 많이 물려줘봤자, 귀 얇은 자식이 한번 속아 넘어가면 끝이다. 대신에 제대로 사는 지혜를 알려줘야 한다.

그런데도 우리는 이런 일을 소홀히 하고 있다. 심지어는 가업을 물려받을 자식에게 영업의 중요한 비밀을 마지막까지 전해주지 않았다는 이야기를 들을 때마다 답답한 생각이 든다. 자식에게 기업을 넘겨주겠다고 죽을 때 말하지 말고, 평소 그 기업을 운영하는 데 필요한 것들을 잘 적어놓았다가 이를 물려준다면 얼마나 좋겠는가?

알려준다고 자식이 그대로 하는 것은 아니지만, 그래

도 "너는 이렇게 살아야 한다"고 부모로서 할 말이 있을 것이다. 죽기 전에 자식에게 전해준다 생각하고, 정신이 맑을 때 자신이 본 바람직한 삶을 정리해본다면 언젠가 자식 곁을 떠날 부모들에게 위안이 될 것이다.

내가 이 책에서 말하고자 하는 바는, 쓸데없는 일에 속 끓이지 않고 인간답게 사는 방법을 체득하라는 것이다. 만약 내 자식이 이 책을 읽고 마음을 종 부리듯 하면 대박이고, 열 번 화낼 일이 생겼을 때 한 번만이라도 참게 된다면 성공이다. 이 책이 세상의 부모들에게 자기 방식으로 삶의 지혜를 물려주는 계기가 되면 천만다행이다.

사람은 세상만물과 이런저런 관계를 맺어가면서 인생을 살아간다. '나'라는 인간이 이 세상에 태어나면서부터 이 세상의 일원이 되어, 이 세상의 영향을 받고 이 세상에 영향을 주며 살다가 간다. 세상에 태어나면서부터 사람은 수많은 인연과 만남을 시작해 그 인연을 끊으면서 삶을 마감하는 것이다.

우리는 그 만남을 좋은 만남으로 만들기 위해 갖은 애를 쓴다. 그러다보면 우리는 새로운 '나'가 만들어지고, 그 '나'를 스스로 평가하면서 만족하기도 하고 후회하기도 한다. 제대로 된 삶을 살아가려면 삶의 기준이 제대로 서야 한다. 삶에 대한 지혜가 부족하면 삶이 어려워진다. 삶을 잘못 이해하면 삶이 잘못되어간다. 진리에 터 잡지 아니한 삶이기 때문이다.

나는 우주의 일부분인 우리가 우주만물의 법칙인 진리를 인생의 나침반으로 삼을 때 조물주가 예정한 참다운 삶을 살 수 있다는 작은 깨달음을 이 책을 통해서 밝히고자 한다.

● 차례 ●

1장

진리에
터 잡은 삶을 살자

인생의 해답은 없는 것인가?

: 이 세상에 답은 있다. 모를 뿐이다.

모른다고 없는 것이 아니다

답이 없는 문제는 없다. 4지선다, 5지선다 선택형 시험 중에는 답이 없는 것이 답일 수도 있다. 그런데 여기서 답이 없다는 것은 그중에 답이 없다는 것이지, 답이 이 세상에 없다는 것은 아니다. 세상사 모든 문제는 답을 갖고 있다. 그 답을 못 찾았을 뿐이다. 그런데도 "인생에는 답이 없다"고 찾아보지도 않고 지레 인생을 포기하는 사람이 많다.

세계지도를 보면 우리나라가 얼마나 작은가를 알 수 있다. 그 속의 우리 집도 지도에는 보이지 않으니, 그 안에 살고 있는 나는 얼마나 작은 것인가? 그런데 나는 부모 속도 모르고, 아내 속도 모르고, 자식 속도 모르고, 심지어 나의 속도 모른 채 아웅다웅 지지고 볶고 산다. 정말 모르는 것도 너무 많다.

이렇게 모르는 것이 너무 많은데도 인생에 답이 없다고 한탄만 한다. 모르는 것이 제 탓이지, 무슨 인생 탓을 하는가? 인생이 정말 꼬여 있어 풀리지 않는다고 한다.

모르니까 실마리를 찾지 못하고 헤매는 것이 아닌가?

인생의 문제에 대해 제대로 답을 하려면 이 문제를 낸 출제자, 즉 조물주의 의도를 정확히 알아야 한다. 그런데 우리가 어떻게 조물주의 의도를 안단 말인가? 조물주가 정말 있는지, 있다면 어디에 있는지를 알면 속 시원하게 물어봤으면 좋겠는데? 말도 안 되는 소리다. 답을 가르쳐주는 출제자가 어디 있는가? 있다면 그것은 사기꾼이다.

자기 인생에 대한 문제의 답은 자기가 알아내야 한다. 먼저 문제의 대상인 인생을 차근차근 분석해보자. 나의 인생이므로 나를 알아보자. 그런데 나도 나를 모르는 것이 너무 많다. 그중에서도 마음이라는 놈은 정말 모르겠다. 그놈이 내 것인지, 내 것이 아닌지조차 모르겠다. 어쨌든 이 마음이라는 놈을 정복해 내 것으로 만들지 않으면 속 편할 날이 하루도 없을지 모른다. 왜냐하면 내 속을 이 마음이라는 놈이 다 차지하고 있기 때문이다.

그런데 이놈은 가만히 있지 않고 제멋대로 다니기 때

문에 좀처럼 잡을 수가 없다. 정말 잡을 수 없는 것일까? 아니다. 자기 것인데 자기가 잡지 못한다는 것은 말도 안 된다. 우리가 알려고 하면 알 수 있는데, 그 길을 몰라서 찾지 못한 것뿐이다.

시야를 돌려 새로운 세상을 얻는다

진리의 세계는 새로운 세계다. 새로운 세계를 맞이하기 위해서는 우리의 마음이 열려 있어야 한다. 마음을 닫고서는 아무것도 얻을 수 없다. 그러면 우리의 마음을 닫게 하는 것은 무엇인가? 그것은 우리가 갖고 있는 앎이다. 기존의 앎은 우리를 가둔다. 알고 있는 만큼 보이기 때문이다. 새 앎을 얻으려면 우리가 갖고 있는 이 작은 앎에 집착하지 말고 기존의 앎을 초월해야 한다.

마음을 연다는 것은 무슨 의미인가? 이는 세상만물이 모두 다르다는 우주의 법칙을 받아들여 다양성을 인정하는 것이다. 마음의 문을 열기 위해서는 기존의 앎에만 의존하는 시야를 돌려 새로운 세상을 보아야 한다. 그동

안 보지 않던 세상으로 시야를 돌려야 한다. 그러면 안 보이던 새로운 세상을 얻을 수 있다. 학교 동창만 만날 필요가 없다. 다른 학교 출신과도 만나고, 다른 지역 사람과도 만나고, 외국인과도 만나야 자신의 행동반경을 넓힐 수 있다.

이 세상은 너무나 넓다. 작은 세상에 갇혀 있을 필요가 없다. 이렇게 시야를 돌린 덕에 남이 보지 못한 분야에 손을 대어 성공한 사람들을 우리는 많이 보아왔다. 어떤 사람은 이를 두고 창조라고 할지 모르지만, 그 창조도 남이 못 본 것을 먼저 본 것이 계기가 된 것이다. 시야를 돌려 더 큰 인생을 보고, 인생의 행복한 길을 찾아 떠난 행복한 사람을 따라 우리도 더 큰 세상을 찾아보자.

자기중심적 사고의 극복

그런데 인생에는 시간이 정해져 있다. 세상만사 시간만 있으면 안 풀리는 일이 없다. 문제는 시간이다. 제한된 시간 안에 문제를 풀어야 한다. 인생의 시험을 잘 보기 위해서는 시간을 잘 활용해야 한다.

자기가 알고 있는 지식을 제 시간 안에 보여줄 수 있으려면, 우선순위를 잘 정해 보여줄 수 있는 능력, 즉 지혜가 필요하다. "다 아는 문제인데 시간이 없어서 시험을 잘 못 봤어" 하는 것은 지식은 있으나 지혜가 부족함을 한탄하는 것이다. 지혜로운 수험생은 시험을 잘 못 봐서 안타까워하는 다른 수험생 속에서 속으로 웃고 있다. 안타깝다는 것은 할 수 있었는데 못한 것이다. 그 간발의 차이는 지혜가 만든다. 우리도 속으로 웃는 인생이 되려면 지혜롭게 살아야 한다.

여기서 조심할 것은 자기가 다 안다고 착각하는 태도다. 답이 그것이 아닌데 그것이라고 생각하고 우기는 것이다. 이렇게 되면 아예 모르는 편만도 못하다. 조물주가 주신 인생이라는 소중한 시간을 엉뚱한 데 소비하고 빵점인생을 살다가는 것이다.

사람에게는 착시현상錯視現象이 있어 실제 사물을 정

확히 인식하지 못하는 경우가 있다. 이러한 시각적 특성에 고정관념 등이 더해지면 그 인식의 오류가 커진다. 여기에 '자기중심적 사고'가 다시 더해지면 사물을 완전히 거꾸로 볼 수 있다. 태양이 지구를 돈다는 2세기 프톨레마이오스의 천동설天動說이 대표적인 예다.

사람은 오감으로 사물을 인식하는 관계로 인해 자기부터 사물을 인식하는 특성이 있다. 자기부터 인식한다함은 자기가 기준이 되어 사물과의 관계를 인식한다는 것이다. 그런 인식체계에서는 자기가 서 있는 지구를 움직일 수 없는 기준으로 삼기 때문에, 태양 등 다른 행성이 지구를 돌고 있다는 착시현상에 빠질 수 있다. 천동설은 오감의 불완전성으로 인해 사물을 보이는 대로 인식한 결과다.

이러한 자기중심적 사고는 우주의 법칙을 정반대로 이해해 이 세상을 거꾸로 가게 망쳐놓고 있다. 자기중심적 사고에 빠진 사람은 주변 사람들을 무시하고 억압하며 자기밖에 모르는 삶을 산다. 이 말도 안 되는 생각과 상대방의 자기중심적 사고가 충돌하면, 서로 잘났다고 헐뜯고 싸우는 아비규환의 세상이 되는 것이다.

이 세상은 서로 다른 사람들이 각자의 삶을 살고 있다. 자기 기준에서 보면 모든 사람들이 잘못된 것으로 보일 수 있다. 가능하면 상대방의 시각에서 나를 바라보고, 나와 네가 아닌 우리의 시각을 만드는 것이 중요하다.

코페르니쿠스가 지동설로 천동설을 깨뜨린 것은 오감의 불완전성을 영감으로 보완해 자기중심적 사고를 극복했기 때문이다. 우주의 법칙을 제대로 인식했기 때문이다. 이렇게 16세기에 코페르니쿠스가 인간의 우주관을 바꿔놨는데도, 21세기의 현대인들 중에는 아직도 자기중심적 사고에 깊이 빠져 이기적인 세상을 살아가는 이들이 있다.

지금부터라도 자기중심적 사고에서 벗어나 상대의 입장을 헤아리는 자세를 가져야 할 것이다. '네가 있기에 내가 있다'는 공존의 사고를 가져야 우리가 살고 있는 이 세상을 이타적인 아름다운 낙원으로 만들 수 있다.

단순하고 명쾌하게 살자

진리는 단순하고 명쾌하다. 따라서 진리에 터 잡은 삶 역시 단순하고 명쾌한 삶이다. 복잡하다는 것은 무엇인가 잘못되었다는 것이다. 장애물이 있으면 우회의 길을 갈 수밖에 없지만, 길은 지름길이 최고다.

그런데 이상하게 복잡하게 사는 사람이 있다. 배우자 몰래 애인을 두고 사는 것이 스릴은 있을지 몰라도 결국 골치 아픈 일을 만드는 것이다. 거래를 할 때도 작은 이익 때문에 뒷거래를 한다. 남보다 조금 앞서 가려고 편법을 쓴다. 자기는 잘 감췄다고 하지만 '낮말은 새가 듣고 밤말은 쥐가 듣는다'는 속담처럼 다 들통이 나게 돼 있다. 세상에 비밀은 없다. 이 세상은 거짓말이 통하도록 어리석지 않다.

복잡하게 산다는 것은 마음이 복잡하다는 뜻이다. 마음이 복잡하면 이 마음이란 놈은 참지 못하고 오장육부를 복잡하게 해 얼굴에 그 복잡함을 다 드러낸다. 전문가에 의하면 거짓말을 하는 사람은 눈을 깜박거리고 자꾸 시선을 피한다고 한다. 마음의 창인 눈이 다 가르쳐 주는 것이다.

사람과의 관계도 단순하고 명쾌해야 한다. 앞에서는 복종하는 체하고 뒤에서는 딴마음 먹는 면종복배面從腹背하는 사람은 신뢰할 수가 없다. 이런 사람이 많으면 사회가 신뢰할 수 없게 되어 결국 사기꾼만 들끓는 세상이 된다. 상대방을 믿을 수 있다는 것은 여러 면에서 좋다. 쓸데없이 상대방의 진심을 알아내느라 신경 쓸 필요가 없기 때문이다.

'정면돌파'라는 말이 있다. 일을 해결할 수 있는 방법은 여러 가지가 있는데, 일이 안 풀리면 그것을 단순화시켜 원칙에 따라 처리하는 것이 가장 좋은 방법이다. 당사자가 직접 만나서 해결해야 할 일에 결정권이 없는 제3자가 개입되면 의사소통에 차질이 생겨 일이 꼬일 수 있다. 많은 사람이 개입되면 복잡만 하다.

'현명한 사람은 복잡한 것을 단순하게 하고, 우둔한 사람은 단순한 것을 복잡하게 한다'는 말이 맞는 것 같다. 나의 경우를 봐도 내가 잘 이해를 못한 채 남에게 설명하면 중언부언重言復言 말이 길어진다. 그래서 시간이 날 때마다 복잡한 현상을 단순하게 한 문장으로 요약하는 연습을 했는데, 이것이 인생을 살아가는 데 특히 직장생활에서 큰 도움이 되었다.

인생을 살면서 굴곡진 삶을 안 살 수는 없다. 가능한 한 덜 굴곡진 삶을 사는 방법은 자신의 말이나 작은 행동부터 단순하고 명쾌하게 하는 것이다.

2장

우리가 살아가야 할
마땅한 삶

어떻게 사는 것이 잘 사는 것인가?

: 이 세상과 함께 조화롭게 살아가야 한다.

1
하나 뿐인 인생, 제대로 살려면?

우리는 왜 진리를 추구하는 삶을 살아야 하나?
: 인생의 답이 거기 있기 때문이다.

인생의 원리

사람의 삶이 다 같을 순 없다. 우리는 저마다 다른 인생을 살고 있다. 어떤 사람은 뼈 빠지게 일하면서 하루하루를 괴롭게 살아가고 있고, 어떤 사람은 항상 풍요롭고 재미있게 산다. 왜 그럴까? 이 세상이 그렇게 만드는 것일까? 아니다.

이 세상은 불변의 법칙에 따라 중립적으로 움직이는데 세상을 사는 인간이 그렇게 느끼는 것이다. 세상의 법칙과 자기의 삶이 맞으면 힘들지 않을 것이고, 안 맞으면 마찰이 일어나 힘겨울 것이다. 삶의 기준을 어디에 두느냐에 따라 다른 인생을 사는 것이다.

아무리 어려운 수학 문제라도 그 원리를 알면 술술 풀리는 경험을 해봤을 것이다. 이와 같이 사람도 인생의 진리를 알면 인생이 술술 풀리지만, 이를 모르면 실타래 꼬이듯 인생이 꼬여 헤매게 된다.

그런데 인생의 진리니 뭐니 하면 고리타분하고, 공자님 같은 성인이나 수행자들에게나 해당되는 것이라 생각이 드는 이유는 무엇일까? 그것은 현실의 삶을 진리가 지배하지 않는다고 생각하기 때문이다. 그러나 우주의 법칙은 우리가 의식하건 안 하건 도도히 흐른다. 이에 터잡느냐 아니냐는 우리의 선택의지에 달려 있다.

진리란 무엇인가? 진리는 한자로 '참된 이치眞理'를 뜻하고, 영어로도 '진짜truth'를 뜻한다. 우리말의 '참'이란 '사실이나 이치에 조금도 어긋남이 없는 것'을 의미한다. 따라서 진리의 반대는 거짓의 이치, 어긋남, 거짓false이 된다. 진리에 입각하지 아니한 삶은 거짓 삶을 사는 것이고,

어긋난 삶을 사는 것이라 할 수 있다.

　그렇다면 삶에 있어서 진리는 무엇인가? 인간은 우주의 한 부분이기 때문에 우주의 원리에 따라 움직일 수밖에 없다. 이 우주의 원리를 알 수 있다면 우리는 조물주의 예정된 의도를 알 수 있을 것이다. 수험생이 출제자의 의도를 제대로 알아야 답을 제대로 쓸 수 있듯이, 우리 피조물은 조물주의 의도를 제대로 알아야 조물주가 예정한 삶을 살 수 있을 것이다.

　다시 말해 참된 삶이란 조물주의 뜻인 영원불변의 진리를 찾아 인생의 기준으로 한 삶, 진리를 인생의 나침반으로 한 삶이라 할 수 있다. 진리야말로 인생을 술술 풀리게 하는 마법이다. 그런데도 이를 몰라 꼬인 인생을 사는 것이다.

자연스러운 삶, 부자연스러운 삶

"자연은 인간에게 순종해야 하고 정복당해야 할 존재"라고 단정한 17세기 철학자 프랜시스 베이컨Francis Bacon의 주장은 사회를 급속도로 발전시켜 인간에게 풍요로움을 가져오는 데 결정적인 계기가 되었다.

그러나 기계론적 자연주의자의 예상과 달리, 그 풍요로움은 '풍요 속 빈곤'을 낳았고, 인간을 단순한 기계부품으로 전락시키는 상황에 이르게 했다. 인간의 삶이 양적으로는 풍부해졌지만 삶의 질은 오히려 피폐해지기 시작해지자, 인간이 빵만을 위해 존재해서는 안 된다는 자각이 일어나기 시작했다. 그리하여 현대인은 맛있는 빵과 생활의 편리함도 놓치기 싫고, 문명의 이기 속에서 벗어나 자연과 함께 하고픈 이중적 삶 속에 하루하루를 보내고 있다. 인생을 즐기고 싶은데 즐겁지 않고, 행복해지고 싶어도 행복하질 않다. 무엇을 해야 한다는 강박관념만 늘 뿐이다.

나는 둘째 아이의 이름을 '자연'이라고 지었다. 주어진 인생을 인위적으로 억지로 살지 말고, 물 흘러가는 것과 같이 자연스럽게 살라는 의미였다. 젊고 패기만만하던 시절에는 모든 것을 이룰 것 같은 자신감에 세상 두려운 것이 없었다. 그런데 인생이 생각대로만 되면 무슨 걱정이 있겠는가? 세상은 그렇게 만만한 것이 아니었다. 이 세상에는 나보다 뛰어난 사람도 많았고, 나의 앎은 하도 미천하여 말하기도 창피할 정도였다.

그동안 쓰디쓴 실패의 맛을 보기도 하고, 피할 수 없는 고비를 맞아 고생을 하기도 했다. 내가 세상을 너무 쉽게 생각한 바람에 순풍을 탈 수 있는데도 역풍을 타 이 고생을 하게 된 것이다. 당시 내가 뼈저리게 느낀 것은 자연에 거스르는 삶을 살아서는 안 된다는 것이었다. 자연에 순응하는 삶이 우주의 일원으로서 인간이 살아가야 할 마땅한 삶이라고 깨달았다. 자연의 법칙은 냉엄하다는 것을 알게 된 것이다.

대립이냐 공존이냐

인간을 우주의 일원이라고 보는 삶과 인간을 우주만물과 독립된 별개로 보는 삶이 어떻게 달라지나 생각해보자. 인간을 우주의 한 부분으로 인식하면 자연스레 인간과 우주만물이 공존한다고 보게 된다. 즉, '나'라는 사람과 '너'라는 사람은 서로 다른 것이 아니고 같은 우주의 한 부분으로 공존하는 '우리'이며, 인간과 자연은 서로 다른 것이 아니고 같은 자연의 부분으로 공존한다는 사실을 깨닫게 된다. 나와 너는 우리가 되고, 사람은 자연친화적인 삶을 살게 된다. 평화로운 그림 같은 삶을 살 수 있는 것이다.

그런데 이분법적 흑백논리에 빠져 나와 너를 가르고, 인간과 자연을 나누어 담을 쌓게 되면 서로 남남이 되어 대립의 관계를 만든다. 이때 사람들은 영역 싸움을 하는 동물처럼 으르렁 대고 싸운다. 잘못된 인식이 사람을 동물로 만드는 것이다.

자연은 사람을 위해 존재한다는 사고방식으로 자연을 개발한다고 설치다가, 산사태나 홍수 등으로 자연의 보복을 받는 것은 인간의 어리석음에 기인한 것이다. 제국주의 시대에 강대국이 약한 나라를 강탈하고, 강대국 간에 약소국을 서로 제 먹이라고 다투어 세상 사람들을 죽음의 공포에 빠지게 한 것은 서양인이 나와 남을 가르는 이분법적 사고에 빠진 데 기인한 것이다.

우리는 어릴 적부터 그 의미도 모르고 '약육강식'이니, '생존경쟁'이니 하면서 서로 대립하고 싸우는 것이 인생의 원리인 것으로 착각하고 살아왔을 수도 있다. 진리를 가르쳐야 할 학교에서도 강자만이 살아남을 수 있다는 경쟁의 원리를 가르쳐온 것도 사실이다. 이제 세상의 진리에 눈을 뜨자. 이 세상은 우리가 모두 같이 살아가는 곳이지, 상대방을 배척하고 자기만 사는 곳이 아니기 때문이다.

이 아비규환의 세상을 구하려면 세상 사람들이 '나와 너는 우리이므로 사이좋게 공존해야 한다'는 진리에 입각한 삶을 살게 하는 수밖에 없다.

2
인생의 원리를 찾자

삶의 진리는 어떻게 찾나?
: 스스로 깨쳐야 한다.

진리는 가까운 곳에 있다

진리의 길을 찾으려면 어떻게 해야 할까? 삶의 의미와 진리를 찾는 일은 인류가 태어나면서부터 시작되었고 지금도 계속되고 있다. 아마도 이 일은 우리가 사람으로 살아가는 한 계속 추구해야 할 숙명인지도 모른다. 진리는 추구되고 있을 때 진리로써 가치가 있는 것이다.

미완의 존재인 인간에게 진리는 인간을 완성케 하는 등불이다. 조물주는 우리를 미완성으로 만들어놓고 완성을 지향하는 삶을 살도록 설계했다. 따라서 진리를

추구하는 삶이야말로 조물주의 설계 의도라는 것을 알
수 있다.

진리는 일반인이 닿을 수 없는 높은 곳에 있는 것이
아니다. 일상생활에 널려 있는데 이를 모르고 지나치거
나 잘못 알고 있는 것이다. 우주라고 하면 머나먼 행성
이 생각나서 우주만물의 법칙인 진리도 멀리 있다고 생
각하기 쉬운데, 우리가 살고 있는 바로 이곳이 우주다.
나와 나의 주변이 다 우주다.

앞뜰의 사과나무가 봄에 꽃이 피고, 가을에 열매를 맺
는 것도 우주의 법칙이다. 세상의 모든 것은 우주의 법
칙에 따라 존재하는 것이다. 하찮은 미물인 귀뚜라미가
왜 우는가 하고 귀뚜라미의 소리를 들어보는 것은 우주
의 소리를 듣는 것이다.

몰라서 듣지 못한 우주의 소리를 들어보자. 이 세상
만물이 우리에게 인생의 해답을 보여주고 말해줄 것이
다. 우리가 우주의 소리를 듣는다는 것은 청각으로 들으
라는 것이 아니다. 우주 안에 있는 만물 하나하나를 소

중히 여기고 그것들이 어떻게 존재하고 있는지를 잘 헤아려보라는 것이다.

자연, 그리고 인간

기계적 자연관에 바탕을 둔 서양의 기본 사고체계는 인간을 만물의 영장이라 보고, 인간 외의 만물은 인간을 위해 존재해야 한다는 인간중심주의에 입각하고 있다. 이런 배타적 태도는 자기 외의 우주만물의 존재에는 관심이 없다. 인간 이성의 합리성을 내세워 과학을 발전시켜 우주만물을 정복하는 데 전념한다.

그러나 이런 태도는 '인간은 불완전하다'는 진리를 거스르고 있다. 인간의 머리로 달나라를 정복했다고 하지만, 인간은 조류독감 바이러스의 공포에 벌벌 떨고 있는 나약한 존재다. 먼 달나라만 볼 것이 아니라 주변의 새의 움직임에도 신경을 써야 살 수 있다. 우리는 대자연 앞에 좀 더 겸손해질 필요가 있다. 이 세상의 소리를 들을 필요가 있는 것이다.

반면에 동양적 사고는 다분히 자연친화적이다. 동양화를 보면 자연은 크고 웅장하게, 사람이나 집은 작게 그리고 있다. 사람을 자연의 일부로 보기 때문이다. 한의학에서 환자를 치료하는 것을 예로 들어보자. 음식을 먹고 체했을 때, 환자의 체한 부위인 위胃에다 침을 놓지 않고 손바닥에 침을 놓는다. 손안에 오장육부가 연결되어 있다고 보고, 이에 해당하는 손바닥 부위에 침을 놓아 오장육부의 막힌 기를 뚫고, 부족한 기를 보완시켜 오장육부를 정상화시키는 것이다. 발바닥도 만찬가지다. 작은 것에 큰 것이 투영되어 존재하고, 이것이 기로 연결되어 있다고 보는 것이다.

그렇다고 동양적 사고가 다 맞다는 뜻은 아니다. 서양의 인간중심주의 사고방식은 자연을 개발해 인간에게 풍요로움과 편리함뿐 아니라 인간의 합리적 이성을 강조함으로써 인간 자체가 성장하는 계기가 되었다. 따라서 우리는 양쪽 사상의 장점을 키우고 약점은 보완해나가는 지혜를 발휘해야 한다.

세상만물은 연결되어 있다

세상만물은 독립적으로 존재하는 것이 아니라 서로 관계를 맺고 공존한다. 이러한 생각은 이 세상에 존재하는 '나'는 우주만물과 유기적 관계를 맺어 친구로 살아간다는 깨달음을 준다. 이 세상에 존재하는 모든 것은 사람의 신경, 혈관 같은 것으로 네트워크를 형성해 서로 에너지를 주고받으면서 교류하고 있다. 어리석은 우리가 모를 뿐이다.

그런데 이 세상 모두가 친구라는 당연한 진리를 모르고, 우주에 다가가지 않고 멀어져가는 사람들이 있다. 사람은 혼자 사는 것이 아니라는 말은 당연하고 평범한 말이다. 이 쉬운 말을 모르고서 자신은 혼자고 외톨이라고 잘못 생각해 마음의 벽을 쌓고 살아가는 사람들이 있다. 그러다가 이 우주에서 떨어져나가는 극단적인 선택을 하기도 한다. 인생이 엉뚱한 방향으로 흐르는 것이다.

자기가 하는 한 끼 식사도 아무 인연이 없을 것 같은 여러 사람의 노력이 없으면 불가능하다. 자기와 아무 관계가 없는 사람도 자기 식사를 위해 애쓰고 있는데, 이를 모르고 자기는 세상에서 버림받은 존재라며 세상 사람들과 멀어져가는 경우가 있는가 하면, 오늘 일용할 양식을 주신 분께 감사의 기도를 드리는 사람도 있다. 우리는 어떤 삶을 택해야 할까? 당연히 후자가 우리가 택해야 할 삶이다.

그런데 우리는 왜 이 참된 삶을 모르고 거짓 삶, 어긋난 삶을 사는 것일까? 앞에서 말한 대로 우둔해서, 바보같아서다. 바보같이 쌓은 마음의 벽을 깨고 이 세상과 하나가 되어보자. 그러면 세상이 나에게 말을 건넬 것이다. 마귀의 말, 사탄의 말을 믿지 말고 조용히 우주가 나에게 무슨 말을 하는지 들어보자. 사과나무에서 사과가 떨어지는 것을 보고 만유인력萬有引力의 법칙을 알아낸 뉴턴에게만 하나님이 영감을 주시진 않았을 것이다. 세상의 소리를 듣는 방법은 나중에 언급한다.

3
영감으로 새로운 세상을 얻는다

어떻게 삶의 진리를 깨쳐야 하나?
: 영감을 얻어야 한다.

신의 선물, 영감

밤중에 만나는 것 중에 가장 무서운 것이 사람이라고 한다. 무섭다는 것은 모르기 때문이다. 그만큼 사람은 사람을 모른다. 열 길 물속은 알아도 한 길 사람 속은 모른다. 나도 나를 모른다. 위대한 철학자는 "너 자신을 알라"고 했지만 이것은 정말 난제 중의 난제다. 마음에서 생기는 병은 의사가 아무리 진단해도 나타나질 않는다. 의사는 아무 이상이 없다고 하는데 환자는 고통스러워한다. 사람도 제대로 모르는데 어떻게 이 우주만물의 법칙을 알 수 있단 말인가?

다행히 조물주는 우리 인간에게 영감을 주어 이를 통해 우주만물의 이치를 깨치게 하셨다. 사람은 신체적 감각기관으로 시각, 청각, 후각, 미각, 촉각의 오감을 갖고 있다. 물론 다른 동물도 이런 오감을 갖고 있는 것으로 알려졌는데, 동물에 따라서는 생존을 위해 사람보다 훨씬 뛰어난 감각기관을 갖고 있다고 한다. 사람은 다른 동물과 달리 신체적 감각 외에도 정신적 감각이 발달해 있는데 육감, 영감이 그것이다.

육감六感은 오감으로는 느껴지지 않지만 사물의 본질과 관련해 직감적으로 포착하는 감정인 데 반해, 영감靈感은 그 사물을 떠나 세상의 진실을 보는 영적인 감정이라고 할 수 있다. 영감은 기존의 알고 있는 세상에 힌트를 얻어 새로운 세상의 진리를 깨닫는 것이라는 점에서 육감과 다르다 하겠다. 조물주가 인간을 만물의 영장으로 만든 것이 바로 이 영감이다.

사람은 오감을 통해 사물을 인지하기 때문에 사람의

인지능력에는 한계가 있다. 우리가 문제를 해결하지 못하는 것은 한정된 인지능력으로 체득한 기존의 앎으로 문제를 해결하려 하기 때문이다. 우리가 부딪치는 난제를 해결하려면 우리가 갖고 있는 기존의 앎을 뛰어넘어야 한다. 그러려면 영감이라는 도구가 필요하다.

우리가 "영감을 얻다" "영감을 받다"라는 말을 할 때, 이는 기존 앎에서 힌트를 받아 새로운 세상의 진리를 얻는다는 것이다. 따라서 영감은 창조적 영역에 속한다. 세계적인 발명가 에디슨은 '천재는 1%의 영감과 99%의 노력이 만든다'며 영감의 중요성을 강조했다. 이와 같이 우리가 진리를 얻기 위해서는 영감을 얻어야 한다. 영감이 떠올라야 진리도 같이 떠오를 수 있기 때문이다.

뉴턴은 우주의 모든 물체는 서로 끌어당기는 힘이 작용한다는 만유인력의 법칙을 밝혀냈다. 사과나무에서 사과가 떨어지는 것을 보고 영감을 얻어 우주의 법칙을 얻은 것이다. 이제 영감을 어떻게 얻을 수 있는지 알아보자.

영감의 보고, 잠재의식과 연상능력

그러면 영감이라는 것은 무엇일까? 요즘 잘나가는 컴퓨터는 영감을 받을 수 없다. 따라서 컴퓨터와 사람을 비교해보면 영감의 실체가 탁 떠오를지 모른다. 컴퓨터는 입력을 시키는 대로 배출한다. 사람은 기억력이 아무리 뛰어나다 하더라도 입력시킨 것을 모두 다 끄집어낼 수는 없다. 사람은 잊어버리는 기능이 탑재되어 있어 웬만한 것은 다 잊어버린다. 사랑하는 사람의 죽음같이 충격적인 사실을 잊어버리지 않는다고 생각해보라. 컴퓨터로 치자면 오작동하는 불량 컴퓨터지만, 사람에게는 얼마나 다행스러운 일인지 모른다.

사람의 망각 기능은 컴퓨터의 삭제 기능과 상당한 차이를 보인다. 잊어버렸다 함은 잃어버린 것이 아니다. 어떤 계기가 있으면 되살아난다. 다시 생각나는 것이 그것인데, 이때 저장된 것이 다시 나올 때는 그대로 나오는 경우도 있지만 변형되어 나오기도 한다. 어떤 것은 다시 나오지 못하고 정신적 외상, 즉 트라우마trauma가 되어 마음속 깊은 곳에서 상처를 내기도 한다.

이와 같이 사람에게 입력된 것은 시간이 지나면서 재생되지 않고 잊히지만, 이것은 잠재의식 속에 깊이 간직된다. 오감으로 수용한 모든 정보들이 사람들 모르게 간직되는데, 이는 그대로 저장될 수도 있고 정보 상호 간에 융합·변형되어 간직될 수도 있다. 이 잠재의식은 어떤 계기가 되면 다음에 말하는 뇌의 다른 기능과 작용해 영감을 불러올 수 있다는 점에서 진리를 얻는 데 중요한 역할을 한다.

컴퓨터는 영화를 못 본다고 한다. 영화는 각각의 장면이 잘려 있는데, 사람은 이 불연속된 것을 모르고 연속된 것으로 알고 본다는 것이다. 컴퓨터는 잘린 장면을 연결시키지 못하고 잘린 채로 인식하기 때문에, 영화가 아닌 것으로 인식한다.

사람의 이 연결 기능은 연상작용聯想作用을 해 위대한 창조적 기능을 한다. 컴퓨터는 창의적 활동을 할 수 없다. 창조적 활동을 못하도록 만들어졌다. 여기서 힌트를 얻는다면, 인간의 연상능력을 잘 발달시키면 우주의 진리에 접근할 수 있을 것이다. 뉴턴은 사과가 떨어지는 것을 보고 '지상의 모든 것은 서로 당기는 힘이 있는 것이 아닐까'를 연상해 만유인력의 법칙을 발견해낸 것이 아닌가?

이 세상의 진리는 우리가 못 보는 저 하늘나라에 있는 것이 아니다. 내 주변의 사과나무에, 물 흘러가는 가는 곳 등 일상의 도처에 널려 있는데 우리가 그것을 인지하지 못할 뿐이다. 깨닫지 못하기 때문이다. 그래서 우리는 진리를 '얻었다' '찾았다' '발견했다'고 한다. 진리는 길 가다가 주울 수도 있고, 사과나무 속에서 찾을 수도 있는 것이다.

인생은 보물찾기 놀이와 같아서 진리를 찾으면 대박 인생을 사는 것이다. 문제는 찾는다고 찾아지는 것이 아니라는 점이다. 사람에게는 연상능력이라는 놀라운 창조적 능력이 있다. 이 연상능력은 아무 때나 발휘되는 것이 아니다. 세상만물에 다가가 그들과 하나가 되어 이 세상의 소리를 들을 때 사람의 잠재의식과 연상능력이 합심하여 영감을 띄우는 것이다.

영감을 얻는 법

이제 답은 나왔다. 우리가 진리를 깨치려면 영감을 얻어야 하는데, 이 영감은 우리의 잠재의식을 깨우고 연상능력을 높일 때 나올 가능성이 높아진다. 우리는 그동안 의식적 활동에만 신경을 쓰고 잠재의식에 대해서는 의학적 치유 차원에서만 사용해왔다. 잊혀졌지만 잃어버리지 않은 잠재의식에 이제 관심을 가져야 할 것이다.

잠재의식은 그냥 나오는 것이 아니다. 잠재의식은 자기도 모르게 깊숙한 곳에 숨겨져 있기 때문에, 이를 끄집어내려면 자기 자신에 대한 깊은 성찰과 공부가 있어야 한다.

먼저, 성찰省察하는 것인데 우리는 하루하루 바삐 사느라고 자기 자신을 바라볼 시간을 갖기가 힘들다. 오히려 혼자 있는 것보다 다른 사람들과 어울리는 것이 좋다.

물론 사람은 어울려 사는 존재지만, 가끔은 내가 어디로 가고 있는지 돌아볼 필요가 있다. 아무 생각 없이 가다가 엉뚱한 곳에 와 있을 수도 있기 때문이다. 시계도 보고 나침반도 확인할 필요가 있다.

성찰의 방법은 여러 가지가 있을 수 있다. 쉬운 방법 중 하나는 밤에 시간을 정해놓고 자기만의 시간을 갖는 것이다. 이때 일기를 쓰거나 기도를 하거나 절을 하는 등 한 가지만 집중해서 한다. 명상도 성찰의 좋은 방법이다. 이러다보면 '이래서 그랬구나!' 하고 자기를 이해하게 되고, 자기를 알게 된다.

다음은 공부工夫하는 것이다. 공부를 한다는 것은 새로운 것을 배우는 것이다. 새로운 것을 배우다보면 기존에 알고 있던 것이 떠올라 이를 점검하게 된다. 기존의 앎을 보충하고 수정해 업그레이드 된 앎으로 만드는 것이다. 잠재의식에 남아 있는 기존의 지식은 그대로 두면 나오지 않는다. 그와 관련된 무엇을 생각하든지(위의 성찰의 방법처럼), 새로운 지식을 의식적으로 넣어 잠재의식으로 저장되어 있는 기존의 앎을 자극시켜야 한다.

세상은 계속해서 변한다. 그 변화를 따라가기 위해서는 기존의 앎도 변화가 필요하다. 따라서 공부는 사람이 살아 있는 한 계속해야 하는 삶의 필수과정이다.

이와 같이 성찰과 공부로 우리가 갖고 있는 잠재의식을 깨우는 동시에 우리 인간만이 갖고 있는 연상능력을 활용해야 한다. 이것 역시 연습으로 나아질 수 있다. 시인이나 예술가는 이 연상능력이 출중한 분들이다.

한 번 쓴 곡을 고치지 않았다는 모차르트처럼 시인이나 예술가 중에는 천재적 능력을 갖고 있어 한 번에 작품을 만드는 경우도 있지만, 상당수의 예술가는 하나의 작품을 완성하기 위해 수없는 수정 과정을 거쳐야 한다. 단, 그 노력은 연상능력을 사용하면서 행하여진다는 점을 유의해야 한다. 우리같이 평범한 사람도 연상능력을 개발하기 위해 노력한다면 영감이라는 것을 얻을 수 있다. 사람의 능력은 쓰면 늘어나고 안 쓰면 없어진다.

그렇다고 우리도 연상능력을 발휘하지 않는 것은 아니다. 공상空想을 안 해본 사람은 없을 것이다. 공상도 연상작용의 한 부분이다. 공상이 공상으로 끝나지 않고, 현실에 바탕을 두면 그것은 공상에 그치지 않고 영감으로 발전할 자격이 주어지는 것이다. 그것이 자기가 하는 일에서 이루어진다면 번뜩이는 아이디어를 가진 자가 될 수 있다. 이와 같은 방법으로 우리의 잠재의식과 연상능력을 키우면 그다음에 할 것은 이 세상의 소리를 듣는 것이다.

3장

우리의 세상은 어떻게
움직이는가

이 세상을 제대로 보려면?

: 이 세상을 만들고, 돌아가게 하고,
변화시키는 원리를 알아야 한다.

1
만물의 생성 원리
'뿌린 대로 거둔다'

왜 열매부터 수확하려 하나?
: 열매가 왜 생기는지 모르기 때문이다.

우주에 확립된 수확의 법칙

먼저 씨를 뿌리고 나중에 맺은 열매를 수확하는 것이
우주의 확립된 법칙이다. 조물주는 불로소득不勞所得을
용납하지 아니하신다. 팥을 심어야 팥이 나고, 콩을 심
어야 콩을 나오게 하는 우주의 법칙을 만들어놓으신 것
이다. 우둔한 우리는 청개구리같이 반대로 한다. 씨도
안 뿌리고 수확부터 하려는 마음 때문에 일도 안 하고,
일확천금一攫千金의 기회가 오지 않는 건 자기 운이 나빠
서라고 한탄한다.

성공한 사람은 성공의 이유가 있고, 실패한 사람은 실패한 이유가 있다. 그 원인을 찾아가다보면 '왜 이런 결과가 발생했는가'를 알 수 있다. 이 세상은 엄격한 인과因果의 법칙에 따라 움직이기 때문이다. 세상을 살다보면 운運이라는 우연의 변수가 개입되기 때문에 인생사를 운의 탓으로 돌리는 경우가 있다. 그런데 운이라는 것은 혼자 다니지 않고 뿌린 씨앗을 따라다닌다. 뿌린 씨앗과 운명을 같이하는 것이 운이다. 운이 있으면 뿌린 씨앗이 잘 자라서 좋은 열매를 맺는 것이다.

좋은 열매를 맺으려면 씨앗을 잘 심어야 한다. 부자가 되고 싶으면 부자의 씨를 심어야 한다. 우리 속담에 '가는 말이 고와야 오는 말이 곱다'는 말이 있다. 말의 힘은 엄청나다. 무심코 한 말이 비수가 되어 상대방에게 큰 상처를 입힌다. 그런가 하면 '말 한마디에 천 냥 빚을 갚을 수' 있는 것이 말이다. 따라서 말의 씨앗을 뿌릴 때는 신중에 신중을 기해야 할 것이다.

씨앗을 뿌리고 나서는 씨앗에서 싹이 트고 잘 자랄 수

있도록 해야 한다. 자기가 뿌린 씨앗이 다른 사람이 뿌린 씨앗과 같을 수 없으며, 설사 같다 하더라도 어떻게 키웠느냐에 따라 그 열매가 다르다. 원수는 외나무다리에서 만날 정도로 자연의 법칙은 냉엄할 만큼 중립적이다. 자기가 하고자 하는 일에 얼마나 정성을 가지고 투자를 했느냐에 따라 수확물이 결정된다.

씨를 뿌리고 싹이 나고 열매를 맺으려면 시간이 필요하다. 우리는 기다리는 것을 배워야 한다. 모든 것에는 시간이 필요하다는 자연의 법칙을 배워야 한다. 이를 모르고 옆에 있는 사람들이 수확을 하면 초조해서 안달이 나는 사람이 있다. 옆에 것은 참고는 하되 비교는 하지 마라. 세상에 똑같은 것은 하나도 없다. 같이 심었는데 내 것이 옆에 것보다 늦게 꽃이 피면, 나는 내 것에 소홀하지 않았나 생각해보자. 자연의 법칙을 탓하기보다는 자연의 법칙을 거스른 내 탓이 아닌지 돌이켜보자.

우리가 어려울 때는 하나님께 도와달라고 간절히 기도한다. 그래서 기도를 들어주시면 하나님께 감사하고 안 들어주시면 "왜 나를 버리셨나?" 하고 한탄한다. 이 순간 자신에게 물어보라. 내가 나의 힘을 다하고 나서 하나님께 도와달라고 부탁했는지를. 자연의 법칙에 따라 씨를 뿌리고 정성으로 가꾸었는지를.

언젠가는 돌아온다

이 세상은 회귀하는 원리가 지배하는 것 같다. 다시 못 볼 것 같은 봄이 여름, 가을, 겨울을 거쳐 돌아온다. 이 세상에는 영원히 잃어버리는 것은 없는 것 같다. 불교에서 인연因緣을 제1의 법칙으로 섬기는 이유를 곰곰이 생각해보자. 왜 적선積善을 하라고 하는지 잘 생각해보자. 이 세상을 잘 살다가려면 세상에 좋은 씨를 많이 뿌려놓아야 한다. 내가 뿌린 씨를 내 대에 수확할 수 있으면 좋고, 좀 더 시간이 필요한 것이라면 내 후손이 그 덕을 볼 것이다.

왜 예수님께서는 원수를 사랑하라고 하셨나 생각해보자. 사랑의 씨앗을 원수의 가슴에 뿌리면 원수의 가슴에 사랑의 열매를 맺고, 복수의 씨앗을 뿌리면 복수의 열매를 맺는다는 자연의 법칙을 인간이 어겨서는 안 된다는 것을 아셨기 때문이다. 예수님은 원수의 가슴에도 사랑의 씨를 뿌려 열매를 만들고, 다시 사랑의 씨를 퍼트려 온 세상을 사랑으로 넘치게 만들려고 하셨다. 이 세상을 천국으로 만들려고 하신 것이다.

무심의 마음으로 살아라

2
만물의 운영 원리
'돌고 돈다'

주는 것은 잃어버리는 것일까?
: 준 것은 돌아온다. 잃어버리는 것은 없다.

주어야 나도 살고 남도 산다

내 것을 남에게 주는 것은 쉬운 일이 아니다. 특히 자기 신체의 일부인 장기를 기증한다는 것은 가장 아름다운 행위라 할 수 있다. 어차피 죽으면 장기도 같이 죽어 아무 쓸모도 없게 된다. 이를 남에게 기증하면 나의 장기를 살리고 남을 살리는 것이다. 장기 기증은 누가 생각해냈는지 모르겠지만 백번 옳은 생각이다.

'주어야 받는다'는 것은 세상의 이치다. 사람이 늙기 시작하면 배출기능부터 약해진다. 호흡이란 내쉬고呼 들이 마시는吸 것이다. 차도 내리고 타야 맞다. 출입구 역시 나가고出 들어오는入 곳이다. 마음도 비워야 채울 수 있다.

그런데도 우리는 주는 것은 내 것을 잃어버리는 것이라고 생각해서, 그만큼 상대방에게 받으려고 한다. 아마도 어릴 적부터 나와 너를 명확히 구분하는 서양식 교육에 길들여졌기 때문일 것이다. 출구exit와 입구entry가 서로 구분되어 있고, 입력input해야 배출output하는 서양식 사고에 물들어 있기 때문이다.

주는 것은 나의 씨를 상대방에게 뿌리는 것이다. 상대방에게 뿌려진 씨는 상대방 가슴에 열매를 맺어 나에게 거두어들이도록 가슴을 드러내놓고 있는 것이다.

절망에 빠진 사람에게 건네진 희망의 말 한마디는 그를 일으켜 희망에 찬 생활을 하게 하고, 희망에 부푼 그의 미소는 나에게 희망의 씨를 뿌리는 것이 우주의 법칙이다. 줄 것이 없어서 어려운 사람에게 못 준다고 한다. 아니다. 줄 것은 천지에 있다. 위로의 말 한마디나 미소는 없어서 못 주는 것이 아니라 몰라서 못 주는 것이다.

장기 기증이 자기의 장기를 살리고 남을 살린다는 사실을 깨닫지 못하기 때문에 못 주는 것이다.

나의 것은 없고, 우리 것만 있다

우리는 상대방이 줄 만한데도 안 주면 서운하고, 심지어는 은혜를 모르는 상종 못할 사람으로 치부하는 경향이 있다. 우리는 '나'를 만들어놓고 담을 쌓아 내 것만 쌓기에 바쁘다. 나의 것이 이 담을 넘어가면 이를 상대방에게 뺏기는 줄 알고 있다.

사랑까지도 받아야 직성이 풀린다. 주지 않고서는 받을 수 없다. 사랑이라는 씨앗을 상대방에 뿌려 열매를 맺으면 그 사랑의 열매는 나와 너, 우리의 것이 된다. 남에게 주는 것이 아니라 나에게, 정확히는 우리에게 주는 것이다. 그것을 모르고 사랑을 안 준다고 앙탈을 하다 사랑이 식어졌다고 헤어지는 모습을 보면 답답하다.

우리가 협상을 할 때도 우리 것은 적게 주고 상대방으로부터 많이 받는 것을 성공한 협상이라고 생각하는데,

이는 일시적 성공일지는 몰라도 장기적으로 보면 결코 성공했다고 볼 수 없다. 상대방은 바보인가. 상대방도 절치부심 이를 만회하려고 할 것이고, 결국에는 적을 만드는 것이므로 이는 하나는 알고 둘은 모르는 하수의 전략이다. 협상은 줄 것은 주고 받을 것은 받는 것인데, 주고받는 것이 서로에게 이롭다는 인식을 서로 갖게 하는 이른바 원-원Win-Win 전략이 최고다.

왜 내가 갖고 있어야만 내 것인가? 은행에 돈을 맡겨놔도 그것은 내 돈인 것처럼, 어려운 사람에게 준 돈은 내 돈인 것이다. 그 돈이 그 사람에게 맡겨져 이자를 불리고 불려 다시 받는 것이 인생이자 자연의 원리다. 어떻게 보면 그 돈은 내 것도 네 것도 아니고 그냥 돈인데 우리가 착각하고 살아가는지 모른다.

사람은 담을 쌓는 잘못된 습성이 있다. 내 것을 지키기 위한 것인데, 담을 높이 쌓는다고 지켜지는 것이 아니다. 담을 높이 쌓아 도둑에게 빼앗기지 않았다 해도, 센 태풍이 불어 전 재산을 다 잃게 되었다면 얼마나 허망할까?

높은 공직에 있을 때는 그 자리가 영원히 자기 것인 줄 알고 살다가 그 자리를 물러난 뒤 주위 사람들이 떠나는 것을 보고 인생은 너무 허무하다는 말을 하는 사람을 종종 본다. 심지어 그 상황을 이기지 못하고 극단의 선택을 하는 것을 자주 봐왔다.

본래 내 것이 아닌데 내 것이라고 착각한 데 대한 벌이 아닌가 싶다. 영원한 내 것은 없다. 지금 내가 갖고 있는 것을 내일은 남이 가질 수 있고, 오늘 남이 갖고 있는 것을 내일 내가 가질 수 있는 것이 인생이다. 우주 행성이 돌고 도는 것처럼 돌고 도는 것이 우주의 원리다.

가져야 할 것만 갖자

사람에게는 움켜쥐는 습성이 있다는 것을 부정할 수 없다. 사람은 미래를 생각하고 대비하는 위대한 창조물이다. 그런데 미래는 불확실하다. 사람은 신과 달리 미래를 정확히 예측할 수 없다. 그래서 항상 불안하다. 그래서 보이는 현재를 자기 것으로 붙잡아놓고 싶어 한다.

그런데 현재는 유한해서 빨리 지나가고 미래가 현재가 된다. 그래서 또 붙잡는다. 불안을 해소하기 위해 계속 붙잡기만 하다 인생을 다 보낸다. 미래를 위한 투자를 한 번도 해놓지 않고, 황천길 갈 때 노잣돈도 못 가져가는 인생을 그렇게 보내는 것이다.

이렇게 가리지 않고 움켜쥐다보면 그중에는 쓰레기도 있고 독도 있다. 그것 때문에 갖고 있는 것마저 부패해 인생을 망치기도 한다. 그런 우둔한 중생이 안쓰러워 성인들께서는 욕심을 버리고 마음을 비우라고 하셨는데, 그 말은 현실을 모르는 공자님 말씀이라고 치부하니 소귀에 경 읽는다는 말이 여기서 나왔는지 모르겠다.

너무 많이 갖고 있으면 진정 가져야 할 것을 못 갖는다. 너무 많은 것을 지고 인생을 살 필요가 없다. 그렇다고 아무것도 갖고 있지 아니하면 살 수가 없는 것이니, 필요한 것만 갖고 필요 없는 것은 쓰레기이니 빨리 버리자.

하나를 집으면 하나를 놔야 한다(일념일실一拈一失). 한 손으로 다 잡을 수는 없다. 다 잡으려다 다 잃는다. 중요한 것을 잡고 덜 중요한 것을 놓으면 이익 나는 장사다. 움켜쥐기만 하고 있으면 안 된다. 자기가 잡고 있는 것이 쓰레기인지 아니지 잘 살펴보자. 쓰레기라면 과감히 버리고 진짜 필요한 것을 움켜쥐자.

소탐대실하는 것은 아닌가

그러면 진짜 필요한 것은 무엇인가? 인생을 살아가려면 의식주도 필요하고 정신적 양식도 필요하다. 그런데 정신적 양식은 보이지 않는 것이므로 이것이 제대로 채워졌는지 여부를 알기가 힘들고, 이것이 부족하다 해서 생활하는 데 큰 불편이 없다. 그래서 정신적 양식을 쌓는 데는 소홀할 수밖에 없다.

이에 반해 의식주라는 것은 부족하면 당장 살기가 어렵다. '바다는 채울 수 있어도 한 길 사람 마음은 채울 수 없다'는 말이 있다. 견물생심이라고, 보면 갖고 싶고 많을수록 좋은 것 같다. 물질의 탑만 바벨탑같이 높이 쌓는다. 그러다보니 정신과 물질의 불균형이 말이 아니

59
3장 우리의 세상은 어떻게 움직이는가

다. 정신적 양식은 아무리 쌓아도 썩지 않고 시간이 지날수록 빛나지만, 물질은 시간이 지나면서 썩기 시작해 온 세상을 악취로 진동하게 한다. 우리에게 진정 필요한 것을 모르고 바보처럼 사는 것이다.

작은 것에 집착해 큰 것을 잃는 소탐대실小貪大失의 우를 범하지 않기 위해서는 좀 더 현명해져야 한다. 조삼모사朝三暮四에 속는 원숭이가 되지 않으려면 당장 눈앞에 보이는 이익에 현혹돼서는 안 된다. 돈 몇 푼에 눈멀어 반평생 쌓아온 소중한 공직의 명예를 잃다니 답답한 노릇이다.

버팀목이 되는 삶

사람 인人 자를 보면 사람은 서로 버팀목이 되어 기대어 살도록 되어 있다. 서로 의지하며 살아가라는 의미다. 남이 잘 버텨줘야 내가 잘 버틸 수 있는 구조인 것이다. 한쪽이 기울면 다른 한 쪽이 넘어지게 되어 있다.

이를 모르고 인생을 독불장군처럼 자기 혼자 잘난 맛

으로 사는 사람이 있다. 이런 경우 일시적으로 잘되는 것처럼 보일지 몰라도 주변과의 마찰이 끊임없이 일어나 항시 시끄럽다. 이런 사람이 한번 꺾이면 헤어나지 못한다. 사람은 서로 돕고 살아야 한다는 삶의 기본원리를 거스르다 보니, 본인도 괴롭고 주변도 괴로운 것이다.

사람들을 보면 여러 이유로 다른 사람보다 부족하게 살아가야 하는 경우가 있다. 물의 흐름을 보자. 물은 위에서 밑으로 흘러가면서 부족한 부분을 채우고 다 채워서 넘치면 다시 흘러가 부족함을 채워 바다로 흘러가 바다가 된다. 그래서 우리 선인들은 인생을 알기 위해서는 '물을 보라觀水'고 했나보다. 이렇게 부족한 사람을 넘치는 사람이 돕는 것은 마땅한 도리다.

우리 현실은 자기 것이 넘쳐 흐르는데도 부족한 쪽밖에 관심을 안 두고 있다. 부잣집은 명절에 받은 선물이 냉장고에 보관할 수도 없을 만큼 넘쳐 썩어서 버리는데, 다른 한쪽에선 한 끼를 해결하기 위해 발버둥 치는 현실을 보자. 세상의 이치에 따르지 아니하면 물이 거꾸로 흘러갈 수 있다는 경고를 물은 흘러가면서 하고 있는 것이다.

돕는 것은 위대하다

사람이 살다보면 어려운 때도 있고 잘나가는 때도 있다. 어려운 사람을 도울 수 있는 것은 하늘이 주신 기회이자 행운이다. 좋은 씨를 뿌릴 수 있는 절호의 기회이기 때문이다. 잘나가는 사람에게는 씨를 뿌리기가 힘들다. 어려운 사람에게 뿌린 씨는 그에게 열매를 맺고, 다시 사랑의 씨를 뿌려 온 천지가 사랑의 열매를 맺어, 나도 나의 자손도 그 열매를 향유할 수 있으면 이야말로 천국이 아니겠는가.

미국에서 막내를 놀이방nursery school에 보냈을 때의 일이다. 우리로 치면 '반장'에 해당하는 아이에게 종이로 만든 모자를 왕처럼 씌워주고 높은 의자에 앉혀두는 것이었다. 그런데 그 아이를 '도우미'를 뜻하는 'helper'라고 부르는 것을 보고, 우리는 왜 반장이라고 부르고 있는지 생각해보았다.

　높은 사람은 지배자가 아니라 도와주는 사람이어야
한다. 도와준다는 것은 인간이 만든 위대한 생활원리다.
이를 실천하는 사람은 정말로 위대한 사람이다. 그런데
우리는 반대로 생각하는 것 같다. 도우미를 무시하고 도
우미조차도 자기가 위대한 일을 하고 있다는 생각을 아
니하고 있는 것 같다. 자원봉사 하는 자를, 기부하는 자
를 하나님의 사업을 대신하는 위대한 사람이라는 인식
을 갖게끔 우리 모두의 생각을 바꿔야 한다.

3
만물의 존재 원리
'균형이 맞아야 선다'

왜 삶이 기우나?
: 편중돼 있기 때문이다.

기울어져 있는 것도 모른 채

우주만물은 똑바로 서 있어야 한다. 기울면 쓰러진다. 쓰러지면 죽는 것이다. 그런데 인생을 균형 맞춰 산다는 것이 보통 힘든 일이 아니다. 그래서 살아가기가 힘든 것 같다. 현기증을 느끼면 중심을 잡기 어렵기 때문에 잠깐 앉아 있는 것이 좋다. 이 어지럼증을 몇 번 겪다보면 혹시나 해서 불안해진다. 달팽이관에 문제가 있으면 균형을 잡기가 어렵다고 한다. 이렇게 신체의 불균형은 인지할 수 있기 때문에 고치려고 노력을 할 수 있어 그나마

다행이다.

그런데 정신이라는 것은 보이지 않기 때문에 정신 차리지 않고 멍하니 있으면, 자기가 기울어져 있는지도 모른 채 계속해서 쓰러져갈 수가 있다. 정말 정신 차려야겠다.

사람은 왜 기울어지는가? 마음이 기울어져 있기 때문이다. 기울어진 마음을 바로 세워야 한다. 그러려면 무엇이 마음을 기울게 만드나 알아보아야 할 것이다.

추측과 억측

한쪽 눈을 감고 다른 한쪽 눈으로 사물을 보면, 편차가 생겨 사물이 있는 자리를 제대로 인식하지 못한다. 양쪽 눈으로 사물을 바라봐야 제대로 볼 수 있다. 사물의 한쪽 면만을 보고 사물 전체를 논하는 사람이 있다. 물론 시간적 · 물리적 제약으로 전체를 다 보기가 어려운 경우도 있다. 오히려 이런 경우가 더 많을 수 있다. 그래서 만들어낸 것이 표본을 잘 추출하는 것이다. 전수조사에 비해서 오차가 있을 수 있지만 모집단을 대표성 있게 잘 추출하면 근사치에 가까울 수 있다.

　보이는 대상의 경우 표본을 잘 추출하면 별 문제가 없으나, 정신과 같이 보이지 않는 분야를 잘 본다는 것은 정말 어려운 일이다. 그래서 겉으로 드러나는 일부분을 보고 추측해 판단할 수밖에 없다. 이렇게 볼 때 추측은 부득이한 측면이라는 점에 의미를 둘 뿐이지 믿을 만한 것이 못 된다.

　추측보다 더 믿을 수 없는 것이 억측이다. 추측은 그나마 일부 사실에 근거하고 있지만, 억측은 아무런 사실적 근거 없이 하는 것이므로 없는 것보다 못하다. 오히려 억측은 억지를 쓰는 것이 되어 상대방과 싸움의 원인이 될 뿐이다.

산은 산인데

한쪽 눈으로 보는 것만큼 잘못 보는 것은 사물을 분류해서 보는 것이다. 본래 대상은 있는 그대로 보아야 한다. 산을 산으로 보고, 물을 물 그대로 보아야 한다. 사물을 그대로 보지 않고 둘로 나누어 보면 둘 사이에 담이 쳐지고 서로 다른 것을 보게 된다. 같은 것을 다르게 보는 것이다. 이렇게 다르게 보면 좋고 나쁨이라는 차별이 뒤따른다.

나는 한때 아무 근거도 없이 사자는 좋은 동물이고, 하이에나는 나쁜 동물이라는 착각에 빠져 사자와 하이에나가 싸우면 사자를 응원한 적이 있었다. 그런데 사자나 하이에나가 사냥하는 모습을 보면 그놈이 그놈이다. 그런데도 나의 마음속에 좋은 놈, 나쁜 놈을 양분해놓고 맹목적으로 한쪽을 좋아하고 한쪽을 경멸하고 있는 것이다.

이런 차별적 사고는 우주만물을 그대로 보지 못하게 한다. 나쁜 것, 좋은 것을 나누어 나쁜 것이라고 이름 붙인 것은 경멸하고, 좋은 것이라고 이름 붙인 것만 골라 사귄다. 그러다보니 이유 없이 나쁜 사람이 된 상대는 '저놈이 왜 나를 나쁜 사람이라고 만들지' 하고, 자기를 나쁜 사람으로 만든 사람을 진짜 나쁜 사람으로 만들기에 혈안이 된다. 서로 나쁜 사람이 된 것이다. 자기의 착각이 결국 자기에게 재앙을 불러오게 되는 것이다.

우리는 "그 사람 알고보니 괜찮은 사람이네. 내가 괜히 오해한 것 같아"라는 말을 흔히 들을 수 있다. 본래 괜찮은 사람을 괜찮지 않게 본 것은 본인이다. 산을 산으로 보아야 하는데 쓸데없이 좋은 산, 나쁜 산으로 나누어 보는 것이다. 심지어는 나쁜 음식, 좋은 음식이라며 편식을 강요하고 있다.

나쁘다, 좋다는 그 사물의 성질이 아니다. 그 사물은 가만히 있는데 내가 임의로 나쁘다, 좋다고 그 사물에 딱지를 붙이는 것이다. 그 음식이 나에게 맞느냐, 안 맞느냐라는 나와의 관계를 가지고 좋고 나쁘고를 따지면 안 된다. 그 음식이 다른 사람에게 맞으면 그에게는 그것이 좋은 음식이 될 수 있다. 그런데도 우리는 아무 거리낌 없이 이 음식은 좋으니까 먹어야 하고, 저 음식은 나쁘니까 절대로 먹어서는 안 된다고 한다.

이제 우리가 무지해서 잘못 붙인 좋음과 나쁨의 딱지

를 떼어내고, 너와 내가 우리가 되는 방법을 찾아보자.

나누면 안 된다

동물의 세계는 생존원리가 지배한다. 자기 생존에 도움
되는 것은 좋은 것이고, 해가 되면 나쁜 것이다. 사람도
생존하려면 나의 생존에 도움되는 것을 좋은 것으로, 해
가 되는 것을 나쁜 것으로 볼 수밖에 없다. 나와 세상만
물과의 관계가 단순할 때는 이분법적 사고방식이 사물
을 파악하는 데 효율적일 수 있다. 그런데 오늘날같이
다분화된 사회에서는 이런 사고는 오차가 너무 심해 별
쓸모가 없다.

분류한다는 것은 어떤 기준에 따라 군집화群集化, clus-
tering 하는 것인데, 그 기준이 단 하나인 경우가 이원적
분류二元的 分類, 즉 이분법二分法이다. 따라서 이런 이원적
분류는 기준 설정이 쉽다는 장점은 있으나 오류가 많을
수밖에 없고, 차별적 요소가 내재된 치명적 약점이 있다.

그런데도 이런 이분법적 사고를 하는 것은 무엇일까?

대상을 잘못 봤기 때문이다. 이 세상이 밤과 낮으로 나뉘고 암컷과 수컷이 살아가는 것으로 피상적으로 본 것이다. 밤과 낮이, 암컷과 수컷이 '과'라는 연결고리로 관계 맺고 있는 것을 간과한 것이다.

엄마와 아빠는 결혼으로 연결되어 부모가 되었는데 이를 다시 나누어놓고 아이에게 "엄마가 좋니? 아빠가 좋니?" 선택을 강요한다. 자기들의 관계를 아이의 판단에 맡긴다. 아이가 어떻게 대답해야 할지 몰라 당황하는 것은 불을 보듯 뻔하다. 이 얼마나 어리석은 일인가?

이분법적 사고는 차별적 사고로 변질될 우려가 있다. 음(-)은 흡입성이 강하고 양(+)은 확산성이 강한 것을 지칭할 뿐이다. 음에도 장단長短이 있고 양에도 장단이 있다. 그런데 우리는 일면만 보고 지레 평가하고 단정해버린다. 음(-)은 나쁘고 양(+)은 좋다고 생각하는 것이다. 그런 사고를 하는 사람은 자꾸 더 가지려고 한다. 채우려고만 한다.

넘침은 모자람만 못하다는 말過猶不及처럼 넘치면 독이

되고 병이 되는데 자꾸만 움켜쥐려 한다. 너무 먹어서 찐 살을 빼느라고 고생하고, 성인병에 걸려 고통스러운 나날을 보내는 사람이 많다. 적당히 먹자. 우리는 마음을 비우고 오히려 일이 잘 풀리는 경험을 한다. 힘을 들여 친 공보다 힘을 빼고 친 공이 더 많이 나간다고 한다. 너무 많이 갖고 있는 것을 내려놓고, 너무 많이 채운 것을 빼야 일이 술술 풀릴 것이다.

합쳐야 한다

우주만물은 음(-)과 양(+)이 합쳐서 존재하는데 그것이 한쪽에 치우치지 않고 균형(0)을 이루어야 제대로 존재할 수 있다. 이것이 우주만물의 존재원리다. 다양한 사람이 살아가는 이 세상에서 우리가 이루어야 할 것이 바로 화합和合이다. 나누어 대립시킬 것이 아니라 하나로 합해야 한다. 그런데 음양의 연결고리를 자른 이분법적 사고가 우리들의 일상에 너무나 많이 침투되어 있다.

노사관계를 예로 들어보자. 회사는 일정 목적을 위해

사람을 합치고 돈을 합쳐 만든 결합체다. 그런데 이를 노와 사로 나누고 지배복종 체계를 만들어 대립하고 있다. 이렇게 한 회사를 갈라놓고 자기 권리만 챙기고 책임은 상대방에 넘긴다. 이렇게 회사를 나누는 순간 회사는 깨진 것이다. 사장도 자기가 투자한 자본을 잘 키우려면 때에 따라 노동자가 돼야 하고, 직원도 회사가 잘돼야 본인도 잘되는 길이므로 사장의 마음으로 일해야 한다. 그렇게 될 때 노와 사는 우리라는 하나로 복원되는 것이다. 그것이 우주만물의 법칙에 순응하는 길이다.

처세술 관련 자기계발서의 상당수가 긍정적·적극적 사고를 갖도록 성공의 비밀 운운하며 추천하고 있다. 일면 수긍되는 면은 없지 않으나 그대로 믿기에는 뭔가 부족하다. 이 사고는 대상을 긍정적 vs 부정적, 적극적 vs 소극적으로 분류해 대립시켜놓고, 나쁜 하나를 버리고 좋은 하나를 갖도록 하는 "엄마가 좋니? 아빠가 좋니?" 체계를 유지하고 있다. 이런 사고는 당장은 효험이 있을지 몰라도 장기적으로 보면 얻는 것보다 잃는 것이 더

많다. 흑백논리가 이 세상을 얼마나 어렵게 했나 생각해
보자.

　다시 말해, 세상만물은 나누어 존재하는 것이 아니다.
서로 연결되어 관계 맺고 있는 것이다. 성공하기 위한 처
세술로는 이를 나누어 대립시켜 하나만 택할 것이 아니
라, 이 관계에 눈을 돌려 이를 돈독히 하는 것이 훨씬
나은 방법이라 하겠다.

올바르게 봐야 한다

열심히 살면 그에 상응하는 대가가 있는 것이 정의처럼
보인다. 그런데 현실은 그렇지 않다. 누구보다 열심히 일
했는데, 나보다 열심히 살지 않은 사람보다 못산다. 내가
상대방보다 훨씬 똑똑한데, 평가는 상대방이 더 잘 받
는다. 왜 그럴까? 이때 우리는 "이 사회가 정의롭지 못하
다. 신은 존재하지 않는다"며 불평한다. 특히 이런 생각
은 내가 남들보다 훨씬 능력 있고 똑똑하다고 생각하는
사람들이 많이 한다. 과연 그럴까? 그건 자기 생각이다.

남보다 열심히 일했다느니, 똑똑하다느니 하는 것은 자기가 판단하면 안 된다. 남이 그렇게 생각해줘야 한다. 개별입장이 아니라 전체입장에서 보아야 한다. 나는 열심히 일했다고 생각하는데, 전체입장에서 보면 도움이 안 되게 엉뚱한 방향으로 흘러간 경우가 많다. 방향이 틀리면 지금까지의 노력이 헛수고가 될 수 있다. 금광에서 금을 캐려면 금이 있는 곳을 제대로 알고 파야 한다. 금이 없는 곳을 백날 파봐야 금은 나오지 않는다. 아무리 열심히 해봤자 헛수고다. 인생의 방향 설정을 제대로 해야 하는 이유가 여기에 있다.

우리의 인생은 유한하다. 이 아까운 인생을 엉뚱한 데 쓰다 보내면 얼마나 허무한가? 우리가 진리를 인생의 목표로 하는 것은 이것이 올바른 길이기 때문이다. 그런데 이 진리를 모르고 '올바른 길이 맞긴 한데 그렇게 살면 손해 본다'는 생각을 하는 사람들이 있다. 그래서 정직하게 사는 것보다 세상에 영합해 적당히 넘어가는 것이 현명하다고 생각한다. 잘못된 것을 지적하고 제대로 된 길을 제시하면 "왜 사서 일을 만드느냐? 우리는 몰라서 이러는 줄 아느냐?"고 세상물정 모르는 사람 취급을 한다.

잠깐! 당장 일하기 편하다고 바른 길을 포기해서는 안 된다. 올바르게 일을 하지 않으면 일이 비뚤어진다. 이 일이 쌓여봐야 비뚤게 쌓여 결국에는 쓰러지게 된다. 아이가 떼를 쓴다고 그것을 그냥 들어주는 부모가 있다. 떼쓰는 것은 잘못된 행동이라는 것을 제대로 가르쳐주지 않으면, 그 아이는 평생 떼만 쓰는 사람이 될 수 있다. "법 중에 가장 센 법이 '떼법'이다"라는 웃지 못할 말이 우리 현실을 대변해주고 있다. 당장 우는 것이 귀찮다고 아이의 떼를 들어주는 현실이 된 것이다.

뿌리를 보자

나무를 한번 그려보자. 나뭇가지에 잎을 그린다. 그런데 대부분 뿌리는 그리지 않는다. 보이지 않기 때문이다. 그러나 뿌리 없는 나무는 없다. 나무뿌리를 그리지 않은 그림은 반쪽만 그린 것이다. 세상에는 보이는 것과 보이지 않는 것이 공존한다. 그런데도 보이지 않으면 우리는 없다고 생각한다. 나무뿌리처럼 보이지 않는 부분보다 훨씬 중요한 것일 수도 있는데, 이를 안 보인다고 놓치고 있는 것이다. 육안肉眼이라는 신체적 감각기관만 사용하고, 심안心眼을 사용하지 아니한 것이다.

사람은 정신과 육체의 결합으로 이루어져 있다. 주종을 가린다면 정신이 주인이고, 육체는 정신의 아바타인 셈이다. 따라서 정신을 잘 사용해야 한다. 이를 잘 쓰지 않으면 정말 '정신없는 놈'이 된다. '얼빠진 놈'이 되는 것이다.

서양의 기계론적인 철학자는 이 세상의 모든 현상을 물질적인 운동의 법칙으로 파악함으로써 물체를 과학적으로 탐구하는 데 유용한 수단을 제공해 자연과학을 획기적으로 발달시키는 데 기여했다. 반면에 자연을 생명이 없는 물질적인 재료로만 간주한다는 것을 전제로 해 '보이지 않는 것'을 연구대상에서 제외시키는 커다란 우를 범했다.

마음의 눈 사용법

정신세계는 육안으로는 안 보이니 육안을 감고 심안을 떠야 한다. 심안의 문제는 이 책에서 여러 번 언급되는데, 그만큼 참된 삶을 살아가는 데 없어서는 안 될 것이기 때문이다. 심안이 잘 떠지지 않는 이유는 평소 육안만 사용하고 심안을 사용하지 않기 때문이다. 사용하지 않으면 퇴화된다. 우리는 우리가 갖고 있는 마음의 눈을 사용하지 않아 그 사용법마저도 모르고 있는 것이다.

마음의 눈으로 보는 법을 배워야 한다. 종종 나는 다음과 같은 방법으로 보이지 않는 것을 보려고 하는데 효과가 있어서 소개한다.

먼저, 육안은 닫고(눈을 감고) 조용히 마음의 눈이 작동하도록 한다.

다음, 육안으로 본 것을 생각한다.

그런 다음, 육안으로 본 것만큼 육안으로 안 보이는 것이 존재한다고 생각한다.

마지막으로, 그것이 어떤 형상을 하고 있는지 이미지

화(시각화)한다.

이런 훈련을 반복하다보면 보이지 않는 속을 볼 수 있다. 이처럼 안 보이는 것을 보는 훈련은 사물의 실체를 정확히 볼 수 있을 뿐 아니라, 양면적·균형적인 사고를 하게 해준다. 보이는 것에는 안 보이는 것이 같이 존재한다고 생각하면, 양(+)이 있으면 음(-)이 있다는 사고가 자연스럽게 따라온다. 좋은 일이 있을 때 긴장을 늦추지 않는 호사다마好事多魔의 지혜, 어려움이 와도 희망의 끈을 놓지 않는 새옹지마塞翁之馬의 지혜를 얻게 되는 것이다.

경제학에서는 하나의 재화를 선택했을 때 그로 인해 포기한 다른 재화의 가치를 기회비용opportunity cost이라고 한다. 우리가 하나를 선택한다는 것은 선택하지 아니한 것을 잃어버리는 것이다. 하나를 얻으면 하나를 잃는다는 것은 우주의 법칙이다. 이런 진리를 모르고, 잃지도 않고 얻으려고만 하는 욕심을 부리며 살다가는 모든 것을 잃을지 모른다.

이런 마음의 눈을 사용하지 않고 육안만 사용하면,

사물을 겉만 보게 되어 결국 잘못된 판단을 하는 우를 범한다. 그러다보니 성형과 화장으로 겉만 번지르르하게 하고, 좋은 옷에 최고급 차로 꾸민 사람들이 대접받는 세상이 되었다. 운전기사까지 두고 좋은 차 타고 다니기에 돈 많은 사람인 줄 알고 투자했다가 돈만 날렸다고 한탄하는 사람들이 있다. 그 위장술에 넘어간 것이다. 보이는 것만 보면 사기가 사기를 낳는 불신의 사회가 될 수 있다. 이제 마음의 눈을 뜨자.

아름다운 삶

편견을 바로잡으려면 주관이 개입되기 쉬운 차별적 사고를 버리고 사물을 객관적으로 바라보되, 마음의 눈을 사용해 보이지 않는 것을 볼 수 있어야 한다. 여기서 필요한 것이 사고의 유연성이다. 균형된 시각이 반드시 양쪽을 똑같이 양분하는 것이 아니라는 뜻이다. 사고가 경직되어 있으면 볼 것을 못 본다. 사고의 강약 조절이 필요한 것이다.

황금비율黃金比率, Golden Ration이란 말이 있다. 선분을 크기가 다른 두 부분으로 나눌 때, 긴 부분과 짧은 부분의 비, 전체와 긴 부분의 비가 같을 때를 황금분할이라고 한다. 이를 자연수로 나타내면 5:8이다. 전체와 조화를 염두에 둔 것이 눈에 띈다. 이 황금비율을 맞춘 상태, 즉 조화로운 상태를 보고 사람들은 아름다움을 느낀다고 한다. 우리가 팔등신 미녀를 아름답다고 느끼는 것은 조화를 이루었기 때문이다. 삶 역시 고르게 균형을 잡아 황금비로 조화롭게 되었을 때 아름다운 삶이 되는 것이다.

따라서 아름다운 삶이 되려면 먼저, 균형 잡힌 삶이 되어야 한다. 이를 위해서는 모자란 점을 계속 보충하고 메우는 노력이 필요하다. 한쪽에 치우친 것을 바로잡는 것이다. 성격이 너무 소극적인 사람은 진취성을 기르고, 너무 공격적인 사람은 조심성을 키워야 한다.

여기서 우리가 유의할 것은 소극적인 사람이라고 해서 적극성이 없다는 이분법적 접근은 잘못됐다는 것이다.

사람의 성격은 소극적·적극적 요소가 다 같이 있는데, 발현과정에서 잘 드러나는 성향이 어느 쪽인가에 따라 성격이 나뉜다. 소극적이니, 적극적이니 하는 것은 사물에 대한 반응경향을 말하기 때문에, 균형 잡힌 사람으로 만들려면 부족한 성격을 많이 끄집어내고 넘치는 성격은 자제하도록 해야 한다. 이것이 동양철학에서 말하는 중용中庸이다. 지나치거나 모자람이 없고, 어느 쪽으로도 치우침이 없는 상태다. 현재의 나쁜 성격을 없애고 좋은 성격을 심는 이분법적 방식은 또 다른 불균형을 낳을 뿐이다.

다음 단계는 조화를 이루는 삶이어야 한다. 그런데 조화롭게 한다는 것은 황금비를 맞춘다는 것이므로 말처럼 쉬운 일이 아니다. 조화調和라는 것은 전체와 상대방과의 맞춤이다. 이를 균형미라 한다. 혼자만 잘났다고 하는 독불장군 같은 삶은 조화로운 삶이라 할 수 없다. 일을 하더라도 무조건 밀어붙이는 스타일이 있다. 이를 소신 있고 추진력 있다고 볼 수 있으나 전체와 상대방을 의식하지 않는 삶은 불협화음만 낳는 피곤한 삶이 될 수 있다.

이와 아울러 생각해볼 것이 가운데를 정확하게 자른 삶이 있는데, 이는 안정감은 있으나 아름다움이 없다. 칼로 자르듯 살면 속은 시원할지 모르나 인정미人情美가 없다. 오케스트라의 연주 모습을 보면 모든 단원이 다 같이 연주하는 것은 드물다. 바이올린을 연주할 때는 관현악 연주자가 쉬고 있다가 자기 순서가 왔을 때 연주를 한다. 하모니를 이루기 위해 순서를 정해서 하는 것이다.

인생도 마찬가지다. 자기가 하고 싶어도 전체와의 조화를 위해 참을 줄 알아야 한다. 세상을 살다보면 져줄 때도 있다. 내가 50퍼센트를 말하고, 상대방이 50퍼센트를 말하는 것이 인생이 아니다. 말하는 것보다 들어주는 것이 훨씬 나을 때가 있다. 상대방이 말할 것이 많으면 그에게 맞추어 들어주면 되는 것이다.

살다보면 가족을 위해, 회사를 위해, 나라를 위해 내가 희생해야 할 때가 있다. 관현악단의 단원이 전체를 위해 희생하듯이 말이다. 그런데 우리는 너무 깍쟁이 같은 삶을 사는 것 같다. 세상을 살다보면 내가 손해 볼 때도 있고, 이익을 볼 때도 있다. 전체적으로 보면 결국 같으면 되는 것이다. 그런데 자기는 죽어도 손해를 안 보려고 한다.

균형과 안전

대형사고가 터질 때마다 안전문제가 대두된다. 그런데 안전의 개념을 제대로 알지 못한 채 대책을 만들려고 부산을 떤다. 그러다 또 안전사고가 난다. 소위 근원적 처방이 안 되었기 때문이다. 안전은 다음에 말하는 복원력의 문제다.

흔히 '안전하다' 함은 일을 탈나지 않게 잘하는 것으로 알고 있다. 예를 들어, 운전을 안전하게 한다는 것은 사고가 나지 않게 운전을 잘한다는 것이다. 수술을 안전하게 한다는 것은 환자가 위험하지 않게 수술을 잘하는 것이다. 그래서 안전에 대한 교육도 제대로 잘하기 위해서는 무엇을 해야 하는지에 중점을 둔다. 그런데 이런 인식은 안전을 안전하게 못하는 위험한 인식이다. 이렇게 사고 없이 잘한다는 것을 안전이라고 보는 인식은 '사고가 났을 때'라는 상황인식이 빠져 있다.

현재 우리가 쓰는 안전이라는 개념은 19세기 산업혁명으로 공장 등 산업현장에서 산업재해에 대한 피해자가 많이 생기자 이를 예방하기 위해 인본주의적 관심이 만든 상황개념이다. 그래서 안전의 개념은 사고가 나지 않게 하거나 사고가 났을 때 최소화하거나 제거하는 일련의 활동을 의미한다.

이를 시스템 측면에서 보면 안전하다 함은 비정상적인 상태가 발생했을 경우에 정상 상태로 돌아오게 하는 장치가 내재된 상태를 말한다. 따라서 안전하게 만들려면 설계부터 이런 복원 장치에 대한 설계가 이루어져야 할 것이다. 차의 경우에 스페어타이어를 적재하게 설계된 것을 안전하다고 한다.

복원력

사람도 마찬가지다. 복원력이 내재된 사람이 안전하고 균형 잡힌 삶을 살 수 있다. 항상 균형 잡힌 생활을 한다는 것은 우리같이 평범한 사람에게는 이상향에 그칠 수가 있다. 그것은 도사님들의 삶에서나 볼 수 있을지 모른다. 중요한 것은 비균형 상태에 있을 때 원상태로 돌아갈 수 있는 자가복원력이 있느냐 하는 것이다.

신체는 보이는 것이므로 신체적 균형을 잡기는 쉽다. 다리가 아프면 병원에 가서 치료를 받으면 된다. 이에 반해 마음의 안정을 위해서는 평상심平常心을 유지하라고 하는데 이것이 만만치 않다. 별것도 아닌 일에 평상심이 흐트러지면 원래대로 잘 돌아오지 않는다. 그러니 정말로 큰일을 당하면 평상심을 아예 잃어버릴 수 있다. 그러면 큰일이다. 빨리 찾아와야 한다.

따라서 평소에 평상심으로 돌아오게 하는 복원력을 기르는 것이 중요하다. 복원력도 인간의 능력이므로 꾸준한 훈련으로 단련시킬 수 있다. 다시 말하면, 심리학에서 말하는 회복탄력성psychological resilience을 높일 수 있다.

억울한 일을 당하면 화가 난다. 화가 안 난다면 무슨 문제가 있는 것이다. 정상이라 할 수 없다. 도사님들도 예외가 아닐 것이다. 문제는 화에 대한 반응이다. 화나게 하는 어떤 일을 청각 등 오감이 수용하면 뇌는 이를 재빨리 분석해 '이건 말도 안 되는 소리'라고 인식하고 이에 상응하는 반응을 보내도록 자극물질을 오장육부에 전달한다. 특히 교감신경으로 하여금 우리 몸의 중심부인 심장을 뛰게 해 혈액의 흐름을 빠르게 하고, 동공을 키우고, 호흡을 빠르고 거칠게 만든다. 우리의 속을 난리판으로 만드는 것이다.

여기서 평상심을 찾다간 맞아 죽는다. 다른 방법이 없다. 그대로 두어야 한다. 뛰다가 가라앉게 놔둬야 한다. 문제는 가라앉는 속도다. 회복탄력지수가 높으면 그 안정화 속도가 빠르다. 그 지수가 낮은 사람은 속도가 더디고, 부실의 도가 크면 아예 안 돌아올 수가 있다. 그래서 평소에 복원력을 기르는 연습이 필요하다.

평상심과 무심

복원력을 키우려면 먼저, 왜 이와 같은 마음이 일어났는지 알아봐야 한다. 이를 알아야 생긴 마음을 없앨 것이 아닌가? 그러려면 먼저 현재의 마음을 보아야 한다. 이때야말로 심안을 사용해야 하는데, 이때 심안은 앞에서 말한 상대방을 보는 방법과 다르다. 자기를 보는 문제기 때문이다.

'왜 내가 호흡이 거칠어지지?' 하고 생각해본다. 그 원인을 찾는 것이다. 원인을 알아보면 왜 그와 같은 마음이 일어났는지 알 수 있다. 그리하여 마음이 일어난 원인을 제거하면 평상심이 복원된다. 그런데 그 원인을 알아보려는 노력을 안 한다. 원인을 제거하지 않고 그대로 두고 있으니 언제 복원되겠는가?

다음으로 중요한 것이 마음을 일으킨 것을 어떻게 없애느냐는 것이다. 신체의 병과 달리 마음의 병은 수술로 없앤다고 없어지는 것이 아니다. 생각을 안 하려고 하면 할수록 계속 생각이 난다. 마음을 제대로 모르기 때문이다. 마음이 일어나기 전에는 마음이 없는, 무심無心의 상태다. 일어난 마음을 무심의 상태로 만들려면 반대의 마음을 일으켜 중화시켜야 한다. 그래야 평상심을 찾을 수 있다.

과유불급과 무심

슬픈 마음이 일면 기쁜 마음을 떠올려 무심으로 만들어 보자. 슬픔에 빠져 있으면 슬픈 생각이 슬픔을 낳는다. 이런 비정상적 상태가 지속되면 우울증이라는 병으로까지 악화될 수 있다. 기쁜 마음이 필요하다. 기쁜 마음이 일도록 해야 한다. 작은 슬픔은 자기가 극복할 수 있다. 큰 슬픔은 혼자서 극복하기 힘들다. 주변의 사람들이 웃게 만들어주어야 한다.

반대로 기쁨의 마음은 어떻게 할 것인가? 기쁘다는 것은 좋은 것이므로 많이 가질수록 좋다고 생각하는 사람이 있을 수 있다. 물론 기쁜 것은 좋은 것이다. 문제는 지나치면 안 된다는 것이다. 지나치다는 것은 비정상 상태에 있다는 뜻이다過猶不及. 이것이 복원되지 못하고 지속되면 병이 된다.

기쁜 마음은 사람을 들뜨게 한다. 들떠 있다는 것은 기가 위로 올라와 있다는 것이다. 기가 제자리를 차지 않고 떠 있는 것이다. 기가 좀 떠 있으면 혈액순환도 빨라져서 활기찬 생활을 할 수 있다. 그런데 너무 활기차 심장이 터질 것 같은 기쁨은 문제다. 심장이 터지도록 빨리 뛰면 기의 흐름도 과격해져 뇌의 생각하는 곳까지 올라가 뇌의 분별 기능을 태워 없앤다. "좋아서 정신이 없다" "좋아서 난리다"라는 상태가 되는 것이다. 나쁘게 말하면 실성한 것이다. 병중에 가장 큰 병에 걸린 것이다.

이런 때는 정신 차리게 하는 방법밖에 없다. 긴장을 시켜야 한다. 주변에서 호사다마의 지혜를 알려주어야 한다. 이와 같이 평상심을 유지하려면 항상 무심에 있어야 하는데, 현실의 세상은 "참, 무심도 하지" 하면서 무심한 것을 탓하니 이 세상 살아가기 참 어렵다.

4
만물의 변화 원리
'달도 차면 기운다'

인생을 움직이는 것은?
: 때時다.

때에 순응하는 삶

사람뿐 아니라 우주만물은 태어나서 성장하고 쇠퇴의 단계를 거쳐 죽게 된다. 이 과정을 피하려고 불로초도 구해보지만 시간을 좀 연장할 뿐이지 결국 이 사이클을 벗어날 수 없다. 이는 우주의 법칙이기 때문이다. 이 법칙을 잘 들여다보면 이는 시간의 문제임을 알 수 있다. 달도 찰 때가 되면 차는 것이고, 기울 때가 되면 기우는 것이다. 이 시간의 법칙을 이해하면 인생이 좀 더 쉬워지지 않을까?

인생은 때에 따라 달라진다. 따라서 그 때를 알면 인생을 예측할 수 있을 것이다. 그런데 그 때를 아는 것이 쉬운 일이 아니다. 어쩌면 인간은 영원히 모를지 모른다. 한 가지 가능성이 있다면 우리는 어떤 현상을 보고 미루어 짐작하는 놀라운 능력을 가지고 있다는 사실이다. 이를 통해 때를 알고 때에 순응하는 삶이 지혜로운 삶일 것이다.

단풍잎은 떨어지기 직전이 가장 화사하다. 달도 보름달이 가장 크고 밝다. 이런 자연 현상처럼 직장에서도 모든 사람이 우러러 보는 자리에서 인생의 꽃을 화려하게 피우고 있으면, 이제 그만둘 때가 됐다는 것을 알아야 한다.

우리는 세월이 너무 빨리 가는 것을 보며 인생의 허무함을 느낀다. 기차를 타고 가면 나는 가만있는데 산천수목이 다 움직이는 것 같은 착각을 하게 된다. 세월도 마찬가지다. 시간이 가는 것이 아니고 사람이 가는 것이다. 사람이 유한하다는 것은 사람의 존재 시간이 정해져 있다는 것이다. 그 정해진 시간을 다 쓰면, 즉 다 살면 이 공간에서 가는 것이다. 삶 자체가 시간인 셈이다. 세월이 빨리 가는 것을 한탄할 것이 아니라, 주어진 시간을 어떻게 잘 사용할 것인가를 고민하고 바른 삶을 찾아나서야 할 것이다.

때를 기다려라

때라는 것은 우주의 법칙에 따라 움직이는 것이기 때문에 우리가 잡고 말고 하는 대상이 아니다. 나는 봄을 원하지만 봄이라는 것은 겨울이 지나야 오는 것이다. 자기가 원하는 때가 오지 않으면 기다려야 하는 것이다. 우주는 우주의 법칙에 따라 움직인다. 우리가 이 법칙을 모르고 이 법칙에 역행하며 살면 거꾸로 가는 인생을 사는 것이다. 안달이 나서 기다리지 못하고 자기 임의로 판단해 때를 접하면 경칩 전에 나온 개구리처럼 얼어 죽을지 모른다. 호랑이와 달리 곰은 때를 기다린 보람으로 사람이 된 것과 같이 사람이 되려면 기다릴 줄 알아야 한다.

'세월이 약'이라는 말이 있다. 모진 풍파를 거치다보면 이런저런 마음의 상처가 생긴다. 이 상처가 당장은 지워지지 않을 것 같지만 하루하루 시간이 가면서 아픔도 점점 흐려진다. 죽을 것 같은 이별의 아픔도 시간이 지나가면 그 상처가 봉합된다. 병이 생긴 것은 시간과의 만남이 부적절했기 때문이다. 시간에 순응하지 않았기 때문이다. 참을 인忍 자 세 개면 살인도 면할 수 있다는 말처럼, 터질 것 같은 분노의 감정도 폭발시키지 않으면 시간이 이를 가라앉혀줄 것이다.

그런데 기다린다는 것이 말처럼 쉬운 일은 아니다. 이 세상 모든 문제는 기다리지 못하는 데서 생겨난다. 앞의 차도 막혀서 갈 수 없는데 이를 참지 못하고 빵빵 경적을 울려댄다. 빵빵댄다고 앞으로 갈 수 있는 것이 아니다. 앞차와 싸움만 하게 된다. 우리는 '빨리빨리' 습관이 있어서 그런지 몰라도 쓸데없는 문제를 많이 만든다. 이런 문제를 안 생기게 하려면, 때를 기다리는 것이 습관이 될 때까지 기다리는 연습을 해야 한다.

그렇다고 무작정 기다리면 되는 것인가? 주역의 잠용 潛龍과 같이 용으로서의 자질을 갖출 수 있도록 갈고 닦 아야, 때에 맞춰 물에서 나올 수 있는 용이 될 수 있다. 갈고 닦는 시간을 허비하면 비실비실한 인생을 사는 것 이다. 어떻게 갈고 닦았는지에 따라 그 사람의 인생이 결 정된다. 그래서 교육의 중요성이 강조될 수밖에 없는데, 우리의 경우 획일화된 교육으로 똑같은 용만 양산하고 있다. 그나마 정신교육 결여로 컴퓨터 같은 로봇용을 찍 어내고 있으니 이 세상이 어떻게 될 것인가 한심한 생각 이 든다.

인생은 타이밍이다

때는 눈 깜짝할 사이에 온다. 언제 지나간지도 모른다. 한참 지나서야 "아! 그때였구나!" 한탄한다. 때에 순응한 사람은 남고, 적응하지 못한 사람은 도태되는 것이 우주 의 법칙이다.

때를 잡으려면 때를 읽을 수 있어야 한다. 때를 볼 수 있어야 한다. 그래서 정확한 장소, 정확한 시간에 자기가 있어야 한다. 타이밍이 중요하다. 때는 단순한 시간이 아니다. 시간과 공간이 맞는 상태다. 하늘의 시간과 땅의 공간이 합하여 인간을 흡입하는 상황이다. 천天, 지地, 인人이 만나는 접합점이다. 하늘이 요구하고, 땅에 합치하고, 사람이 원하는 정국이다. 천, 지, 인이 합하였으니 못할 것이 없는 상황이다. 그래서 때를 잡은 사람을 행운을 잡았다고 한다. 때를 잡았느냐, 못 잡았느냐에 따라 인생이 달라진다.

이렇게 중요한 때를 좀 더 알아보자. 하늘의 시간은 땅의 공간과 만나 에너지를 형성해 시대의 흐름을 만든다. 요즈음 우리의 한류가 바로 그것이다. 이 시대의 흐름을 탄 사람이 바로 때를 잡은 사람이다. 우리는 도도히 흐르는 시대의 흐름을 타야 한다. 이 시대의 흐름을 타지 못하는 사람은 시대에 뒤떨어지는 사람인 것이다. 시대의 패션에 안 맞는 사람이다. 모자 쓸 때 갓 쓰는 사람이다.

때라는 것을 일생에 한두 번 온다고 생각하는 사람이 있다. 아니다. 수시로 오는 것이다. 우리가 못 볼 뿐이다. 일상생활의 모든 것이 때와 연결되어 있다. 그것이 작은 일이든, 큰일이든 때를 만나야 이루어진다. 우리가 하는 일이 이루어지려면 일이 될 수 있는 분위기가 조성되어야 한다. 분위기가 조성되지 않으면 삐걱거린다. 일이 깨진다. 이 조성된 분위기가 바로 때다. 때를 잡는다 함은 이 분위기를 탄다는 말이다. 분위기를 탄다는 것은 분위기에 맞는다는 것이다. 분위기에 맞춰야 일을 이룰 수 있다.

분위기 파악을 못하고 엉뚱한 말을 하면 썰렁한 사람이 된다. 분위기에 동참하지 아니한 것이다. 상가에 가서는 상주의 마음을 헤아려야 한다. 놀 때는 놀아야 하고, 공부할 때는 공부해야 한다. 놀 때 공부하고, 공부할 때 노는 것은 우주의 법칙에 맞서는 것이다.

하늘을 감병시켜 천기를 알아내다

하늘의 요구를 안다는 것은 정말로 힘든 일이다. 직관력

과 통찰력으로 하늘의 시간의 의미를 알아내야 한다. 그
런데 이는 역시 아무나 하는 것이 아니다. 천기天機를 안
다는 것이 쉬운 일인가? 하늘의 소리를 들어야 한다.

　그럼 하늘의 소리를 어떻게 듣나? 하늘이 어디 있는
줄 모른다. 가까운 데서 하늘을 찾아보자. 귀뚜라미 우
는 소리를 들어보자. 참새 소리도 들어보자. 그리고 그
들이 왜 소리를 내는지 알아보자. 이때 나를 개입시키면
안 된다. 내가 개입되면 나의 소리지, 그들의 소리가 아
니기 때문이다. 내가 나를 버리고 귀뚜라미 속으로 들어
가고, 참새 속으로도 들어가자. 들리는가? 무슨 황당무
계한 소리냐 할 수 있다. 이는 아직 나를 버리지 못했기
때문이다. 나의 속을 비우고 귀뚜라미의 소리로 채우지
못했기 때문이다. 나의 속, 즉 마음을 비우는 것은 꾸준
한 노력이 없으면 불가능하다.

　"나의 이 괴로운 심정을 누가 알랴?"고 외치는 것은
자신의 마음을 텅 비우고 그 괴로운 심정을 통째로 받
아줄 사람이 없다는 것이다. 우리가 어려운 상황에 빠진

사람에게 말로만 안타깝다고 하고 위로해봤자 상대가 위안을 받는 것이 아니다. 내가 상대방의 아픔을 내 안에 받아들일 준비, 즉 나를 비워놓지 않았기 때문이다.

하늘의 소리를 듣기 위해서는 그 소리를 들을 준비를 해놓아야 한다. 나의 마음을 텅 비워놓아야 한다. 다음에는 자기가 하고자 하는 일에 최선을 다해야 한다. 그리고 주변을 자기를 도와주는 분위기로 만든다. 그런 후에 하늘과 교감하자. 하늘의 소리가 무엇인지 들어보자. 이제 사람이 할 도리는 다하였으니 하늘의 처분을 기다려보자盡人事待天命. 하늘도 감명하게 하자. 그래야 하늘이 천기를 누설한다.

성공을 하는 자와 못하는 자의 차이는 일하는 방법의 차이다. 성공하는 사람은 일과 자기가 하나 되어 일이 사람인지, 사람이 일인지 모르게 일을 한다. 사람이 일 속에 들어가 일의 해법을 찾는 것이다. 이렇게 하다보면 꿈속에서도 일과 씨름하게 된다. 반면 성공을 못하는 사람은 일은 일이고, 자기는 자기다. 일은 자기를 위해 존재한다고 생각하고 행동을 한다. '내가 왜 일을 위해 존재해야 하나' 하고 일과 등지니, 일이 성공이라는 선물을 주지 않는 것이다. 성공을 못한 것을 능력이 없어서니, 운이 없어서니 하는 것은 성공의 요령을 모르는 자의 핑계일 뿐이다.

하늘에 맞추다

하늘의 소리를 듣는 것은 우주의 진리에 순응하기 위함이다. 순응한다 함은 맞추는 것이다. 나를 하늘에 맞추는 것이다. 천지인이 합한 상태로 맞추는 것이다.

하늘과 땅, 즉 이 세상은 우주의 법칙에 따라 움직인다. 사람이 바꿀 수 있는 것이 아니다. 사람이 바꿀 수 있는 것은 자기뿐이다. 우리는 "하늘이 나를 버렸다" "이 세상이 나를 버렸다"는 말을 한다. 왜 멀쩡한 하늘 탓, 이 세상 탓을 하는가? 자기가 하늘에, 이 세상에 맞추려고 노력을 했는가? 욕심만 잔뜩 가지고 있다가 그 욕심을 채울 수 없으니 애꿎은 하늘 탓, 세상 탓만 하는 것이다. 주위를 보자. 자기 계획을 척척 성공시키는 사람이 얼마나 많은가 보라. 그들은 하늘에, 이 세상에 맞춘 덕에 하늘이, 이 세상이 그들을 버리지 않은 것이다.

분수를 키우다

욕심은 자기 분수에 맞지 않는 것을 원하는 것이다. 욕심을 실현하려면 자기의 분수를 키워야 한다. 분수란 자기의 신분이나 처지에 맞는 한도를 말한다. 분수를 키운다는 것은 자신의 한도를 높이는 것이다. 따라서 이 세상과 더 큰 자신을 만나게 하면 된다. 그런데 더 큰 자신을 만들려고 하지 않고 하늘 탓, 세상 탓을 해서는 안된다. 더 큰 자신을 만들지 못한 자기 탓이다.

문제는 더 큰 자신을 만들 수 있느냐는 것이다. 그러려면 자기를 잘 보아야 한다. 자기를 잘 평가해야 한다. 앞에서 말한 바와 같이 사람이 사람을 평가하는 것은 현재로선 불가능하다. 우리는 남의 평가를 너무 의식한다. 특히 혈액형 테스트처럼 극히 제한적으로 사용돼야 할 평가를 "O형의 성격이라 그렇다"는 등 일반화시키는 경향이 있다. 부모도 자식에 대한 평가를 제대로 할 수 없다. 부모들은 아이의 입장에서 평가해야 하는데, 부모의 입장에서 평가하는 잘못을 버리기 힘들다. 전문가라 하는 사람들도 제한된 시간의 관찰로 평가를 하는 것이기 때문에 그 말을 전적으로 신뢰할 것은 못 된다. 그들의 말은 참고자료 정도로 삼아야 한다. 그들이 아는 것은 극히 일부분이다. 자기에 대해서는 자신이 더 잘 알고 있다. 그런데 자기 자신의 평가는 주관적이라는 치명적 약점이 있다. 특히 사람의 기억은 자기와 관련 없는 특정사건에 편중될 우려가 있다.

자기 평가는 조물주에게 받아야 한다. 아마도 조물주께서는 우리에게 후한 평가를 주실 것이다. 조물주께서 우리를 만드실 때 제대로 만드셨기 때문이다. 그런데도 우리는 우리 스스로가 형편없다고 자책하는 경향이 있다. 조물주께서는 우리를 성장시키기 위해 고난과 시련을 주셨는데, 우리는 그 고난과 시련을 잘 극복하지 못하고 실패를 하면 '나는 이것이 한계다'라고 미리 판단하고 좌절한다. 실패라는 것은 목표를 달성하는 데 택한 방법이 잘못되었다는 것이다. 목표를 달성할 방법은 무수히 많다. 다른 방법을 택하면 되는 것이다.

우리는 우리를 잘 모르지만 조물주는 알고 계시다. 우리를 설계하신 분이기 때문이다. 그래서 우리를 제대로 알려면 우리의 설계자께 여쭤봐야 한다. 모를 땐 선생님께 물어보는 것이 최선의 방법이다. 이제까지 알려진 바에 의하면 조물주께서는 우리 인간에게 '잠재력'이라는 것을 감춰놓으셨다고 한다. 이 잠재력을 키우면 사람도 커지도록 설계하신 것이다. 그런데 조물주의 이런 설계 의도를 전혀 모르고, 잠재력을 키울 생각은 않고 욕심만 키우고 있다. 그러니 하나님이 뭐 예쁘다고 욕심을 들어주시겠는가? 이제 우리의 잠재력을 키울 때다. 잠재력을 키우는 것은 가능성을 실현시키는 것이다. 이는 꿈의 실현 문제이므로 다른 장에서 언급하도록 하겠다.

5
우주의 통합 원리
'우주만물은 연결되어 있다'

왜 진리를 접하기 어려운가?
: 나와 진리의 연결고리를 찾지 못했기 때문이다.

연결고리

우주만물의 법칙에 따라 산다면 문제될 것이 없다. 문제
는 평범한 우리가 어떻게 진리를 접하느냐는 것이다. 부
처님도 진리에 접하는 인연을 '맹구우목盲龜遇木'에 비유
하면서, 눈먼 거북이가 백 년에 한 번 숨을 들이쉬기 위
해 바닷물 위로 고개를 내밀었을 때, 구멍 뚫린 널빤지
가 있어 거기에 머리를 내밀고 쉴 수 있을 확률이라고
했다. 대단히 희박하다는 뜻이다. 그럼 우리 같은 중생
은 쳐다보지도 말란 말인가? 아니다. 나와 진리를 연결

시키는 것을 찾으면 된다. 그러면 그 연결고리를 어디서 찾을 것인가?

세상만물은 제각기 떨어져 독자 생활을 하고 있는 것 같지만 하나하나가 다 연결되어 있다. 심지어는 먹이사슬로도 연결되어 있다. 단지 육안으로 안 보일 뿐이다. 뉴턴이 우주의 모든 물체는 서로 끌어당기는 힘이 작용한다는 '만유인력의 법칙'을 밝혀냄으로써 과학적으로도 그 연결성이 입증되었다.

문제는 그 연결성, 즉 관계가 어떻게 맺어져 있는가 하는 것이 중요하다. 먹이사슬처럼 죽고 죽이는 관계가 될 수도 있을 것이고, 상생의 관계가 될 수도 있다. 그래서 그 연결고리를 잘 살펴봐야 한다. 만유인력의 법칙은 중립적 법칙이다. 좋고 나쁨이 없다. 좋고 나쁨은 인간이 만들어낸 것이지 이 우주만물에는 없다. 이 중립적 법칙인 만유인력의 법칙을 상대성의 원리로 보면 서로 영향을 미치는 관계로 볼 수 있다.

이것이 인연因緣의 관계다. '뿌린 대로 거둔다'라는 우주의 법칙은 항상 작용한다. 좋은 씨를 뿌리면 좋은 관계가 되고, 나쁜 씨를 뿌리면 나쁜 관계가 형성되는 것이다. 그래서 악연을 만들지 말고 선연을 맺어야 하는 것이다. 다 자기가 뿌린 것이다. 자기 책임인 것이다.

새삼스레 느껴지는 어머니의 존재

이만큼 연결고리는 중요하다. 그런데 아무리 좋은 것이 있어도 그 연결고리를 찾지 못하면 얻을 수 없다. 얻고자 하는 것이 중요할수록 꼭꼭 숨어 있는 법이다. 보통 노력을 해서는 찾을 수 없다. 어쩌면 살아가는 동안 찾을 수 없을지도 모른다.

그런데 등잔 밑이 어두울 수가 있다. 보물을 옆에 두고도 이를 찾는다고 백방을 돌며 헤매는지 모른다. 진리는 항상 가까운 데 있는 법이다. 과수원의 사과나무에서 사과가 계속 떨어지는데도 우리는 중력의 법칙을 깨닫지 못한다. 우리가 인식하지 못했기 때문이다.

우리가 제일 인식하지 못하는 것이 바로 어머니의 존

재다. 우리가 살아가는 데 없어서는 안 될 공기의 고마움을 모르듯이, 아니 공기가 존재한다는 사실조차 인식하지 못하듯이 어머니의 존재를, 고마움을 모르고 살고 있다. 공기가 나쁜 환경 속에 살아봐야 공기의 존재가 얼마나 중요한지 느끼듯이, 나쁜 계모 밑에서 살아봐야 친모가 자기에게 얼마나 중요한지 알 수 있다.

어머니야말로 나를 이 세상에 낳으신 분이다. 이로써 어머니와 나는 천륜의 관계가 형성된 것이다. 하나님이 맺어준 인연이다. 따라서 이 우주만물을 창조하신 조물주의 뜻을 알려면 먼저 어머니의 뜻을 알아야 한다.

나는 어머니야말로 나를 인생의 진리로 인도해주실 확실한 분이라 생각한다. 어머니는 나를 낳아주신 분이다. 나를 낳으시고는 이놈이 이 험한 세상에서 제대로 살 수 있도록 갖은 애를 쓰신 분이 어머니시다. 심지어 나를 위해 죽음까지 두려워하지 않으신 분이다. 예수님이 인류를 위해 십자가에 못 박혀 돌아가신 것처럼, 나를 위해 어머니는 고생하시다 가신 것이다.

어머니의 마음이야말로 우주의 마음이고, 어머니의 말씀이야말로 우주의 말씀이다. 어머니를 통해 우주의 말씀을 듣자. 진리를 깨닫자. 참삶을 살자. 그런데 어리석은 자식은 청개구리처럼 어머니의 말씀을 안 듣고 인생을 어렵게 살아가고 있다. 어머니야말로 하나님이 보내신 분이라는 것을 깨달을 때 우리는 진리에 한걸음 다가설 것이다.

관계복원

우리의 생활양식이 서양화되면서 사생활의 중요성이 강조된다. 이 프라이버시권Right of privacy은 법률적 보호의 대상이 된다. '우리'보다는 '개인'이 우선인 세상이 되었다. 모든 것이 분리되어 독립적으로 움직인다. 생활의 공통분모가 사라졌다. 이것이 잘되어가는 것일까? 잘못되어가는 것일까?

인간은 글자 그대로 사람과 사람의 관계로 존재하는 것이다. 서로 버팀목이 되어 이 세상을 살아가는 것이다.

혼자서는 살 수 없는 것이 인생이다. 서양의 기계적·인
간중심적 철학은 우리 인간을 다른 사물과 마찬가지로
철두철미하게 분리해놓았다. 이로써 물질적 풍요로움은
누리고 있지만 사람은 외로움과 고독 속에서 서서히 무
너지고 있다. 이제 분리된 인간을 복원시켜야 한다. 서로
서로 끈끈하게 맺고 있는 관계關係를 복원시켜야 한다.

　그러면 옛날로 돌아가야 하나? 역사는 거꾸로 되돌아
갈 수 없다. 서양의 삶은 물질적 풍요를 가져온 공적이
있다. 인간의 삶에 있어서 물질의 중요성은 말할 필요가
없다. 먹고 자고 옷을 입어야 살 수 있기 때문이다. 이런
물질에 초점을 맞추다보니 인간의 정신적 욕구까지도 물
질로 채우려는 상황이 되었다. 그러다보니 "우리가 왜 살
아야 하나?"라는 본질적 문제에 봉착했다. "인간은 빵만
으로는 살 수 없는 존재다"라고 외치기 시작한 것이다.
나물 먹고, 물 마시고, 들판에 누워 하늘을 이불 삼아
팔베개하는 삶이 그리워지게 되었다. 자연중심적인 동양
적 삶이 동경의 대상이 된 것이다.

그런데 이와 같은 동양적 삶은 너무 정신적 측면을 강조하고, "황금 보기를 돌같이 하라"는 말도 안 되는 말로 물질을 천박시하다보니, 현실의 인간을 잃어버렸다. 따라서 우리는 동양의 삶과 서양의 삶을 합쳐 하나의 글로벌한 삶으로 만들 필요가 있다. 동서양을 연결시키고, 나와 너를 연결시키는 것이다. 세상만사는 개체로 존재하되 공존이라는 관계로 존재하는 것이다.

4장

인간다운 삶

어떻게 사는 것이 바른 삶인가?
: 인간의 본질을 깨닫고,
  진정한 인간으로 성장하는 삶이다.

1
사람을 제대로 알고 살자

사람은 왜 미완성품인가?
: 살아 있기 때문이다.

미완의 삶, 완성의 삶

살아 있는 생명체는 '생성–성장–퇴화'라는 과정을 거친다. 변한다는 것은 완성되지 않았다는 뜻이다. 미완성이라는 것이다. 완성되었다는 것은 더 이상 손댈 필요가 없는 단계를 말한다. 생명체가 그 수명을 다한 단계다. 이런 연유로, 지금은 욕으로 들리지만, 우리 선인들은 죽음을 '(완성)되어졌다'고 한 것 같다.

사람은 살아가는 존재다. 살아간다는 것은 성장해간다는 의미다. 지금의 부족함을 계속 채워가는 것이다.

그런데 자기 삶이 완성된 삶이라고 착각하는 사람이 있다. 자신의 행동은 완벽하다고 말이다. 그런데 세상에 완벽한 삶이 어디 있는가? 사람은 누구나 부족한 점이 있다. 그래서 그 모자람을 서로가 채워주는 것이다. 완벽하다고 생각하는 사람에게선 인간미를 느끼기 어렵다. 인간하고는 살기 힘들고 신하고만 살 사람이다.

사람이 미완성품이라고 알고 사는 삶과 완성품이라고 믿는 삶은 어떻게 다를까? 먼저, 상대방을 보는 것이 다르다. 자기가 부족하다고 생각하면 상대방을 인정하고 같이 살려고 하는 겸손한 공동체적 삶을 사는 데 반해, 완벽하다고 생각하면 상대방을 무시하고 배타시하는 자기중심적 삶을 산다. 같이 사는 것이 좋은지, 혼자 사는 것이 좋은지 쉽게 알 수 있는 문제다.

다음으로, 자기를 보는 것이 다르다. 자기가 미완의 단계에 있다고 생각하면 완성되기 위해 노력하는 삶을 살아간다. 인생을 채워가는 삶을 사는 것이다. 따라서 발전하는 삶이 된다. 그런데 완성되었다 생각하면 더 열심히 할 이유를 찾지 못하고 안주하게 된다. 겸손이 오만을 이길 수밖에 없는 이유다.

그 다음, 위기에 대응하는 것이 다르다. 미완의 단계에 있다고 하면 아무리 어려운 상황이 닥쳐도 좌절하지 않고 오뚝이같이 일어나 다시 도전하는 삶을 산다. 그에게 있어 실패는 성공의 어머니인 셈이다. 그런데 완성되었다고 생각하면 이번이 끝이라 여겨 한 번 실패는 인생의 실패가 되어 영원히 일어나지 못하는 삶이 된다. 수학능력시험을 마치고 인생의 실패로 생각해 꽃다운 나이에 극단적 선택을 했다는 이야기를 들으면 참으로 안타깝다.

자녀에게 풍족히 해주지 못해 안달인 부모가 있다. 어렸을 때 어렵게 자란 부모는 제 자식에게는 어려움을 겪지 않게 하려고 온갖 것을 다 해준다. 우리나라에서 돈 버는 장사를 하려면 아이들을 상대하는 장사를 하라고 한다. 자기는 아끼더라도 자식들에게는 부족함 없이 해주려는 것이 부모 마음이기 때문이다.

그런데 이것이 아이를 망치고 있다. 아이들은 좀 부족한 듯이 키워야 한다. 사람은 부족하다고 느끼면 분발하게 되어 있다. 사람이든 동물이든 배고픔을 느끼면 본능적으로 이를 채우려는 본능이 있다. 사람은 생존경쟁의 세계에서 살아가기 위해, 뒤처지지 않기 위해 필사의 노력을 한다. 자기가 앞서 나간다 생각하면 자만하고 느슨해져 곧 뒤처지게 된다. 이것이 인생이다.

인생은 시행착오의 연속

인생을 시행착오 없이 살면 얼마나 좋겠는가? 그러나 사람인 이상 그것은 불가능하다. 사람은 불완전한 중간자이므로 완벽할 수 없다. 그런데 이 자명한 사실을 자꾸 까먹는다. 사업에 한 번 실수했다고 해서 스스로를 영원한 실패자로 낙인찍는다. 사회 역시 실수에 관대하지 않다. 용서라는 것이 없다. 서양의 기계론적 자연관은 사람도 기계처럼 한 치의 오차 없이 돌아가도록 강요하고 있다. 합리적 이성을 가진 만물의 영장이 실수를 한다는 것은 용납이 안 되는 일이다. 인간으로 안 보는 것이다.

그러나 인간은 미완성품이기에 배우면서 성장한다. 시행착오를 통해 배우는 것이다. 어떻게 보면 시행착오를 많이 할수록 많이 배우는 것이므로 시행착오가 더 큰 성장을 가져올 수 있다. 실수를 하면 "아! 또 하나 배웠구나!" 하고 생각하는 것이 성공으로 가는 첩경이다. 실수를 두려워해 시도도 안 하는 우를 범하지 말아야 한다.

상대에 대해서도 용서하는 마음을 더 가져야 한다. 상대방이 실수를 해도 '인간이니까 그러겠지' 하면 될 것을 꼭 응징을 하려고 한다. 그래야 속이 시원한 사람이 있다. 그런데 그때만 좋지, 나중에는 '내가 참을걸' 하고 후회한다. 그러면 상대방도 나의 실수를 용납하지 않을 것이기 때문이다.

오만이 불평등을 낳는다

미완성의 단계에서는 언제든 수정이 가능하다. 어제 앞서 갔다 하더라도 오늘 뒤처질 수 있고, 내일 또 그 순위가 바뀔 수 있다. 이를 두고 인생은 마라톤 경주와 같다고 한다. 끝나봐야, 다 뛰어봐야 우열을 가릴 수 있다. 그래서 사람은 법 앞에 평등할 뿐 아니라 신 앞에서도 평등하다.

이렇듯 사람은 미완의 과정에 있는데도, 자신의 작은 성취에 도취되어 남보다 위에 있다고 착각하고 오만방자한 사람을 볼 수 있다. 바보 같은 짓이다. 편견偏見은 우주만물을 잘못 봐서 생기는 것이고, 오만傲慢은 자신을 완성품으로 잘못 봐서 생기는 것이다.

그런데 인간은 미완성의 단계에 있어 우열을 가릴 수 없다는 사실을 깨닫기가 쉽지 않다. 인류의 역사에서 누가 어떻게 지배자가 되었는가 하는 측면에서 보면, 인류 역사는 '사람은 차이가 있다'는 인간의 오만을 부수면서 발전되었다는 것을 알 수 있다.

씨족사회 같은 초기 단계에서는 주변 환경에 대해 너무 몰랐으므로 신이 화가 나면 재앙을 일으킨다고 생각했다. 그래서 신과 접할 수 있는 사람을 제사장으로 뽑아 가장 위에 두고 신을 모시듯 모였다. 그러나 사람은 신과 같은 위치에 오를 수 없다는 것은 당연한 진리이므로 이 환상은 깨질 수밖에 없었다.

그다음에는 무리를 이루는 동물처럼 서로 싸워 이긴 사람을 우두머리로 뽑는 방식을 택했는데, 이 방법 역시 새로운 힘 센 사람의 등장으로 우두머리가 바뀌게 되자, 지배자 선출 방식이 불안정하다는 것을 깨닫게 된다. 그리하여 어떤 머리 좋은 우두머리가 선민사상에 힌트를 얻어 '사람은 다 같은 사람이 아니며, 일반인과 다른 우월한 혈통은 따로 있다'는 논리를 만들어 우월한 혈통의 사람을 왕으로 추대하는 방식으로 세상을 지배하게 된다. 이는 우월한 혈통 추구라는 동물의 근원적 욕구를 바탕으로 했기 때문에 상대적으로 장기간의 지배 논리로 남는다.

사람이 만든 논리는 영원불변의 우주의 진리와 달리 오래가지 못하는 치명적 약점을 가지고 있다. 이 방법 역시 우월한 혈통은 있을 수 없고 사람은 모두 똑같다는 인식, 즉 "이 땅에 왕후장상의 씨가 어찌 따로 있겠느냐 王侯將相 寧有種乎?"는 조선인 만적의 외침이 세상 곳곳에서 울려 퍼지기 시작한 것이다. 그리하여 "인간은 똑같다. 국민이 주인이다. 지배자는 있을 수 없다"는 평등의식이 국민을 위한 국민의 대표를 내세워 이 세상을 운영하도록 하는 민주주의의 싹을 틔우게 한다.

이처럼 미완의 인간은 서로 다를 수가 없는데 다르다고 착각하며 살아오다가 계몽啓蒙주의의 물결이 '사람은 같다'고 사람을 깨우치게enlightment 한 것이 17~18세기이니, 사람이 우둔함에서 벗어나기가 눈먼 거북이가 숨 쉴 널빤지 찾기보다 훨씬 힘든 것 같다.

나의 흠을 알려라

우리가 흠이 있다고 하면 나쁜 의미로 받아들인다. 새로 산 물건에 흠이 있으면 당장 교환한다. 좀 더 완벽하게 작품을 만들기 위해 고치고 또 고친다. 사람의 내면에는 완벽을 지향하는 욕구가 있기 때문이다. 그래서 자기 자신의 흠을 안 드러내려 한다. 실수를 두려워하는 것이다. 실패는 병가에서 흔히 일어난다勝敗兵家之常事고 한다. 이전 싸움에서는 졌지만, 이번 싸움에서는 절치부심切齒腐心해서 이길 수 있는 것이다.

병가뿐 아니라 인생사에서 흔히 볼 수 있는 것이 실수요, 실패다. 실패는 목표를 달성하기 위해 사용한 방법이 그 목표에 안 맞았다는 것이다. 그럴 땐 다른 방법을 쓰면 된다. 오히려 실패를 함으로써 목표달성에 적합한 방법을 찾기에 보다 용이해진다. 우리는 실패한 사람이 그 실패 요인을 분석해 성공한 칠전팔기七顚八起의 경우를 무수히 보아왔다. 성공만 해본 사람이 한 번 실패하면 좌절하고 무너지는 이유가 실패의 장점을 모르기 때문이다. 그런데도 우리는 자기 자신의 실수를 안 보이려 하고 남의 실수를 용납하지 않으려고 한다. 완성 욕구가 강하다보니 한 번의 실수조차 인정하지 않는 것이다.

세상에 완벽한 사람은 없다. 오직 신만이 완벽할 뿐이다. 흠 없는 사람은 없고, 실수 없는 사람도 없다. 다행

무심의 마음으로 살아라

히 조물주께서는 우리 인간에게 흠을 줄이고 실수를 줄일 수 있는 지혜를 주셨다. 인생은 실수를 안 하느냐의 문제가 아니라, 실수를 얼마나 안 하느냐의 문제다. 실수를 안 하려면 실수를 낳은 흠의 소재를 정확히 알아야 한다.

이를 위해서는 먼저, 흠이 없을 수 없는 미완의 단계에 있다는 것을 인정해야 한다. 이 세상에 흠 없는 사람이 어디 있는가? 이렇게 명명백백한 사실을 자꾸 숨기려는 사람이 있다. 참 바보 같은 자다.

병을 고치려면 자기가 병이 있다는 것을 알아야 한다. 그런데 이것이 쉬운 일이 아니다. 병중에는 증세가 없는 병이 있는가 하면, 증세가 있더라도 모르는 수가 있다. 사람은 생존본능 때문인지 몰라도, 남은 보기 쉬워도 나는 보기 어렵게 되어 있다. 그래서 자기 눈에 들보가 있는 줄 모르고 남의 티끌만 손가락질하는 것이다. 남이 나의 들보, 즉 흠을 지적해주면 화를 내지 말고 고마워해야 한다. 나의 들보를 내 눈에서 꺼내 흠이 줄어든 나를 만들 수 있는 절호의 기회기 때문이다.

　오히려 다른 사람들이 나의 흠을 지적하도록 유도하는 적극적인 삶이 지혜로운 삶이다. 남이 나의 잘못을 지적하면 '내가 이 덕분에 성인으로 한 발짝 더 다가서는구나' 생각해야 한다.

　일류회사가 되는 방법은 간단하다. 생산제품에 대한 소비자의 불만을 고맙게 생각하고 즉시 시정하면 소비자의 만족도가 올라간다. 소비자가 상품을 완벽하게 만든다는 생각을 가져야 한다. 이에 한걸음 더 나아가 회사 제품에 대한 흠을 발견해주면 후사하겠다는 사고방식은 완벽한 회사로 더 다가가게 할 것이다. 제품의 흠을 소비자가 제기하는데도 이를 쉬쉬하고 있다가 이 사실이 알려져 회사를 휘청하게 만드는 바보 같은 일이 도처에 널려 있다.

상대방 속에 들어가라

성인들은 "너 자신을 알라"고 외치지만, 내가 나를 알기는 정말 힘들다. 오죽 어려우면 손자孫子가 상대를 알고 나를 알면 모든 전쟁을 이길 수 있다知彼知己百戰不殆고 장담했겠는가?

이 세상의 갈등은 오해에서 생기는 것이 아닌가 한다. 상대방을 오해하지 않고 이해하면 갈등이 생길 여지가 없다. 상대를 이해한다는 것은 상대방에 비춰진 나에 나를 맞추는 것이다. 그런데 각자 자기가 본 상대방만 이야기하면 서로의 입장 차差가 생겨 서로 맞출 수 없다고 생각하는 것이다. 성격이 안 맞아 이혼한다는 말들을 많이 하는데, 세상에 성격이 딱 맞는 사람이 어디 있겠는가? 그런 논리라면 이혼 않고 살 부부가 없다.

우리는 가끔 상대방이 나를 몰라준다고 불평한다. 상대방이 나를 몰라주는지 알아주는지 어떻게 아는가? 자기는 상대방을 알아주려고 했는가? '알아준다' '몰라준다'는 표현을 의도적으로 쓴 이유를 설명하겠다. 나를 '알아준다'는 것은 상대방이 나를 이렇게 알고 있다는 것을 나에게 알려주는 것이다. 나를 인정해준다는 말이다.

별것도 아니다.

그런데 나를 인정하지 않은 것이 뭐 그리 서운한가? 정 서운하면 상대방이 나를 어떻게 생각하고 있는지 알아보면 된다. 어떻게 알아보나? 방법이 없는 것은 아니다. 상대방에 들어가서 '상대방이 나를 어떻게 알고 있나' 알아보는 것이다. 상대방에 비춰진 나를 알아보는 것이다. 그래서 상대방에게 내가 잘못 비춰지고 있으면 잘 비춰지도록 고치면 된다.

상대방을 고치려고 하지 마라. 상대방은 나를 그냥 볼 뿐이다. 보는 것을 잘못 본다고 책망할 수 있나? 자기가 상대방의 눈에 잘 비춰지도록 자기가 변해야 한다. 상대방을 변화시키려고 하지 마라. 상대방은 내가 변화시킬 수 없다. 내가 변해서 상대방이 갖고 있는 상象을 바꾸는 것이다.

TV를 보면 부부의 갈등을 역할전환을 통해 해결하는 것이 나온다. 상대방의 입장이 되었을 때 자기가 얼마나 오해했는지 깨닫고 정상의 부부로 돌아가는 사례

들이다. 상대방 속에 들어가서 보기만 해도 일이 해결된다. 그런데 상대방에게 들어가보려고 하지도 않고, 알아주지 않는다고만 소리치는 것이 얼마나 어리석은 행동인가? 상대방 속에 들어가면 모든 일이 술술 풀린다. 소비자가 무슨 제품을 원하는지를 알아내어 그 제품을 생산하면 그 물건 파는 일은 문제도 아니다. 수험생이 출제자의 마음속에 들어가 그 문제를 낸 의도를 알아보면 문제는 술술 풀릴 것이다.

경청이 답이다

상대방에게 들어가는 방법 중 하나가 그의 말을 잘 듣는 것, 즉 경청敬聽이다. 상대가 자기의 생각을 말할 때 이를 귀 기울여 듣는 것은 상대방 속에 내가 빨려들어가는 것이다. 남의 말을 듣는다는 것은 말처럼 쉽지가 않다. 학교 다닐 때 선생님의 말을 잘 들었다면 벌써 성공했을 것이다. 선생님의 말도 잘 듣지 않는데 다른 사람의 말을 잘 들을 수 있겠는가?

사람들은 대부분 듣기보다 말하기를 좋아하는 것 같다. 상대방보다 먼저 말하려 하고, 심지어는 상대방이 말하고 있는 도중에 자기 말을 한다. 말하려는 것 때문에 듣는 것은 준비조차 되지 않았다. 내 말을 하지 않아야 남의 말을 들을 수 있는 상태가 된다.

경청의 1단계는 자신의 말을 자제하는 것이다. 그런데 이것이 보통 쉽지 않다. 말은 사람의 생각을 밖으로 내놓는 것이다. 그런데 제멋대로 감정을 표출하면 말한 사람은 예기치 않은 결과를 초래하는 화禍를 입게 되는데, 설화舌禍가 그것이다. 이러한 화를 막으려면 먼저 마음을 부릴 수 있는 능력, 즉 자제력을 길러야 한다. 말하고 싶을 때 말을 않는 훈련을 하다보면 마음을 조절할 수 있는 능력을 갖추게 된다. 말하고 싶을 때 말을 않는 것은 일정한 인내력이 요구되는데, 이 참는 능력을 반복 수련하면 자제력이 생긴다. 마음의 주인이 되어 자기가 말할 때가 아니라고 판단되면 말을 안 할 수 있게 된다.

경청의 2단계는 마음을 비우는 것이다. 마음을 비운

무심의 마음으로 살아라

다는 것은 마음이 없는, 즉 무심無心의 상태가 되는 것이다. 상대방의 말로 채울 공간을 만들어놓아야 한다. 마음속에 선입견이 있으면 상대의 말이 제대로 들어오지 않고 그 선입견에 따라 꾸불꾸불 들어온다. 무심을 이루는 방법은 다른 장에서 언급하겠다.

이렇게 들을 준비가 되면, 상대방의 말을 들어야 한다. 상대방의 말을 들으려면 상대방의 존재를 인정해야 한다. 들을 가치가 없다고 판단하면 안 듣게 된다. 자기의 문을 닫는 것이다. 자신의 문을 닫을 뿐 아니라 상대방의 문마저 닫게 한다. 상대방이 자기의 존재를 무시하지 않고 인정한다고 생각해야 마음을 열게 되는 것이다.

우리는 이 원리를 모르고 "내가 이렇게 말하는데도, 너는 내 말을 듣지 않고 마음을 꼭 닫고 있느냐?"고 상대방을 원망한다. 사람은 들을 자세가 된 사람에게 마음의 문을 여는 것이다. 먼저 상대방을 나와 같은 사람이라는 것을 인정하라. 그래서 상대방이 마음의 문을 열면 그 마음을 나의 마음으로 받아들여라. 이렇게 너와 내가 마음으로 하나 되면 너와 나는 우리가 된다. 우리가 됐는데 무슨 문제가 있겠는가?

이제 '단순 듣기'에서 듣기의 최고봉인 '경청敬聽'을 어떻게 해야 하는지 알아보자. 단순 듣기가 상대방을 인정하는 데서 시작하는 데 반해, 경청은 상대방을 믿는다는 데서 시작한다. 상대방의 존재를 인정하는 것에 그치지 않고, 한걸음 더 나아가 그를 믿는다고 느끼게 하는 것이다. 믿는다는 것은 나의 것을 다 바칠 자세가 됐다는 것이다. 이때 너와 나는 진정한 우리가 되는 것이다.

아이의 말을 들을 자세를 갖춰라

청소년 문제가 생기는 것은 이 경청의 원리를 모르기 때문이다. 아무리 자식이라도 한 인간으로서 존재한다는 것을 인정해야 한다. 자식이 부모의 부속품이 아니고 독립된 인격체라는 것을 인정해줘야 한다. 그런데도 자식을 내 마음대로 할 수 있는 소유물이라고 생각하는 사람이 많다. "그렇게 잘해줬는데도 자식 놈이 가출을 했으니, 얼마나 철없는 놈이야?" 하고 분통을 터뜨리는 부모를 보고 있노라면 참 답답하다. 자식을 인간으로 안 본 결과다. 부모가 인간으로 인정해주지 아니하니 자기를 인간으로 인정해주는 친구에게 가는 것이다.

지금이라도 자식의 말을 진지하게 들을 자세를 갖춰라. 그러면 아이가 마음의 문을 연다. 더 중요한 것은 자식을 믿는 것이다. 자식을 믿고 자식의 말을 경청하는 성의를 보이면, 아이는 부모에게 존경하는 마음을 갖는 것이 인간의 원리, 우주의 진리다. 자식의 발을 닦아주며 이 발의 소유자는 이 세상에 하나밖에 없는 존엄한 자라는 사실을 가슴속에 새겨라. 그러면 이 세상은 당신의 것이 될 것이다.

간격을 줄여라

경청으로 상대방 안에 들어간 나는 이제 나와 너의 구분이 없는 합일合—의 상태가 되어야 한다. 상대방을 이해한다는 것은 상대방과 내가 같아졌을 때 가능한 것이다.

상대방과의 간격이 있으면 그만큼 그를 이해하지 못하게 된다. 부부간의 싸움도 이 간격을 줄이지 못하고 거리를 유지한 채 가짜 이해를 하고 있기 때문이다.

내가 상대방을 이해한다고, 사랑한다고 해도 상대방은 "정말 내 마음을 몰라준다"고 원망한다. 오해와 시비는 상대방을 몰라주기 때문에 생기는 것이다. 자식 잃은 사람을 아무리 위로해줘도 "네가 자식 잃은 내 심정을 어찌 아느냐"고 한다. 자식 잃은 사람 속에 들어가보지 않았기에 말로만 당신의 심정을 안다고 하기 때문이다. 정말로 슬프면 울고 있는 사람 속에 들어가 같이 울어야 한다. 가식적인 삶은 상대방에게도 자신에게도 도움이 되지 않는다.

감동을 주는 삶

우리가 지향해야 할 삶은 감동을 주는 울림이 있는 삶이다. 나와 네가 하나가 되어 같이 울고 웃는 상태가 될 때, 마음이 서로를 향해 움직이는 가슴 찡한 울림이 생긴다.

 상대방에게 감동을 주는 삶이 되려면 먼저, 자신에게 감동을 주는 삶이어야 한다. 자신에게도 감동을 주지 못하는데 상대방을 어떻게 감동시키겠는가? 자신에게 감동을 주려면 자기 능력 이상의 무언가를 보여주어야 한다. 내 자신이 기대한 것보다 더 나은 나를 나에게 보여주는 것이다. 그러려면 자신이 갖고 있으면서도 모르고 있는 잠재력을 사용해야 한다. 잠재력이 발휘되었을 때 현재의 나는 나 자신에게 감동한다. 나에게 깊은 신뢰와 존경이 생기는 것이다. 이것이 진정한 자존심自尊心인 것이다.

 상대방에게 감동을 주는 방법도 이와 같다. 상대방이 알고 있는 나보다 더 나은 나를 보여주는 것이다. 일반적으로 사람의 평판은 외모나 소문 등 극히 불완전한 방법으로 이루어진다. 그래서 사람은 직접 겪어봐야 안다고 한다. 가까이 접해보면 자기가 알고 있는 것과 다른 것이 대부분이다. 특히 사회적으로 저명한 사람을 상대해보면 실망하는 경우가 대부분이다. 결국 그도 사람인데 평판은 과장되어 났기 때문이다. 목욕탕에 가면 그 사람이 그 사람인데, 겉치레를 어떻게 했느냐에 따라 평판이 달라진다.

상대방에게 감동을 주기 위해서는 나의 겉이 아니라 속을 보여줘야 한다. 가장 좋은 방법은 상대방을 대할 때, 대통령을 만난 것처럼 행동하는 것이다. 성심성의를 다하는 것이다. 그래야 "그 사람 괜찮은 사람이네!"라는 감동의 소리를 들을 수 있다.

그런데 우리는 사람에 따라 달리 행동한다. 친구라고 막 대한다. 자기 부인이라고 함부로 한다. 가장 가까운 사람에게 감동을 주어야 한다. 가까운 사람에게 감동을 주려면 진정한 자기를 보여주어야 한다.

2
내가 나의 인생을 결정한다

나는 왜 마음에 이리저리 끌려 다니는가?
: 마음의 종僕이기 때문이다.

마음대로 하면

이 세상 모든 것은 마음이 만든다一切唯心造. 그런데 이 마음이란 놈이 요상하다. 정체도 불명해서 어떤 사람은 이것이 뇌에 있다고 하고, 어떤 사람은 심장에 있다고 한다. 이리저리 자기 멋대로 바뀌기도 한다. 어떤 때는 불쾌한 마음이 들다가, 즐거운 마음이 들기도 한다.

마음속에 화火(성냄)가 생기면 교감신경에 불을 질러 지나치게 흥분시켜 정신적 · 육체적 이상증세를 보이게 한다. 그러다 정신마저 나가게 만들어 극단적인 선택을 하게도 한다. 그렇기에 이 화를 어떻게 다스려야 하는지가 인간의 주된 관심사가 되어왔다.

그런데 화라는 것도 마음이 만든다고 생각하면 해결책이 나올 수 있다. 이 마음을 잡으면 된다. 화를 못 내게 내가 이 마음을 컨트롤하면 된다. 우리말에 '인간사는 마음먹기에 달려 있다'는 말이 있다. 맞다. 이 마음이라는 놈을 내가 먹으면 된다. 그런데 잘못하면 내가 이 마음에게 먹힐 수 있다. 한번 이 마음에게 먹히면 마음의 종이 되어 이리저리 끌려다니게 된다. 나는 마음의 아바타가 되어, 내가 한번 결정하지 못하고 마음이 시키는 대로 산다. 우리가 화날 때 쓰는 말처럼 "마음대로 해"가 된다.

이렇게 마음이 주인이 되면 이 마음은 감정感情(느낌)이라는 하수인을 시켜 사람을 현혹시킨다. "너, 남들보다 돈 많지? 그 돈으로 집 사고, 보석으로 치장하고, 사람들에게 대우받고 사는 너는 참 행복하다"고 꼬이면 순진하게도 행복감에 빠진다. 행복을 느끼고 산다. 부도가 나서 쫄딱 망하면 "너는 복도 지지리 없구나! 정말로 불행하구나"라는 위로를 가장한 꾐에 넘어가 멍청하게도 슬픔에 빠진다. 슬픔을 느끼고 산다.

이렇듯 마음에게 자리를 뺏기면 인간은 감정의 동물이 되어 감정을 주체할 수 없는 삶을 살게 된다. 이성적인 삶은 없어진 것이다. 너도 나도 이 세상도 감정의 노예가 되어 이성적 판단을 잃고 감정이 폭발해 감정의 싸움을 하게 된다. 이 세상을 아수라장으로 만든다. 지옥을 만든다.

내가 마음의 주인이 되면

우리가 마음에 끌려다니지 않으려면 어떻게 해야 하나? 마음의 주인이 되어야 한다. 창조주는 다행히 우리에게 지혜와 선택의지라는 보물을 주셨다. 행복이나 불행은 내가 느끼는 것이 아니고 내가 선택한다는 진리를 깨닫고 자기가 결정하면 되는 것이다. 행복하다, 불행하다는 느낌을 마음이 결정하지 않고 자기가 결정하면 된다.

'결정권자가 주인이다'라는 평범한 말을 진리로 여기는

지혜가 필요하다. 마음이라는 놈이 제멋대로 감정을 자극시키게 하지 말고, 이성이라는 요소도 작동시켜 이 이성이 감정을 작동시키게 하는 것이다. 이 역시 훈련으로 가능하다.

어떤 생각이 들면, 즉 마음이 일면 "가만있어 보자" 하고 일단 일어나는 마음을 멈추게 한다. 그리고 곰곰이 생각해본다. 이때 이성을 불러오는 것이다. 이것이 감정을 선택하는 것이다. 마음을 가만있게 하고, 이 마음이 제멋대로 감정을 선택하도록 하지 않고 이성적으로 선택하도록 만드니, 내가 확실히 마음의 주인이 된 것이다. 마음을 부려먹는 것이다.

흥부처럼 아무리 가난해도 "나는 아이들이 많아서 부자다"라고 생각하면서(즉, 결정하고) 행복하게(즉, 행복이라는 감정을 불러와) 살면 된다. 이렇게 되면 돌을 베개 삼아, 풀을 이불 삼아, 물소리 새소리 듣고 하늘의 구름을 감상하는 진짜 행복한 삶을 살 수 있다.

마음을 보다

그런데 마음이라는 놈은 요상하여 좀처럼 잡히질 않는다. 정신을 바짝 차리고 이놈이 어디로 가고 있는지 잘 살펴야 한다. 이놈이 화라는 감정에게 쏙닥거려 불을 내라고 꼬이고 있지는 않은지, 애愛라는 감정에 가서 사랑에 눈멀게 하고 있지는 않은지 잘 감시해야 한다.

이놈을 잡으려면 지혜가 필요하다. 지혜는 그냥 얻어지는 것이 아니다. 우리 같은 평범한 사람은 꾸준한 노력이 필요하다. 그 노력 중의 하나가 '잘 보는 것觀'이다. 그런데 잘 보는 것이 쉽지 않다. 그래서 처음에는 눈에 보이는 것을 잘 보는 연습을 하다가, 그것이 잘되면 눈에 안 보이는 것으로 그 대상을 옮겨야 한다. 보이는 것에서 보이지 않는 것을 볼 때까지 꾸준한 노력이 필요하다.

그림을 잘 그리려면 눈에 보이는, 즉 피상적인 물체만 그리려 하면 안 된다. 그 대상의 실체를 꿰뚫어보고 그 본질을 그림으로 표현해야 한다. 그림을 보는 사람이 자기도 보는 것을 그렸다 하면 그 그림을 좋아하지 않을 것이다. 내가 보지 못한 대상의 본질을 화가가 그려냈기에 감동하는 것이다.

인생의 그림을 제대로 그려내려면 이 보이지 않는 마음을 그려내야 한다. 이것을 그리려면 이 마음이 움직이지 않게 고정시켜야 한다. 마음을 안정시켜야 하는 것이다. 따라서 마음을 안정시키는 것은 제대로 된 삶의 출발점이다. 중환자가 병원에 입원했을 때 안정시키는 이유가 안정이 치료의 첫 번째 단계기 때문이다. 위문 온 사람이 큰일 난 것 아니냐고 오도망정을 떨어 환자를 불안하게 하면 정말 큰일 날 수 있어 중환자에게는 접견을 금지하는 것이다. 마음을 안정시키고 나면 이 마음이라는 놈이 또 어디로 가려고 하는데, 이를 제대로 알아채어 제자리에 앉히고 막 떠다니는 습성을 고치도록 해야 한다.

불에 타지 않는 법

그런데 말은 쉬워도 이것이 쉽지 않다. 계속 연습하고 노력해야 한다. 좀 더 쉽게 하는 방법은 마음이 어떻게 감정을 일으키는가 알아보는 것이다.

일단 화가 나면 '가만있어 보자' 하고 일단 화를 중지시킨다. 그리고 왜 내가 화를 내는지 생각해보자. 이성이라는 놈을 불러와 내가 꼭 화를 내야 하는지 물어보자. 이렇게 들어가보면 별것도 아닌 일에 내가 화를 내고, 굳이 화낼 필요가 없는데 화내고 있는 것을 깨닫게 된다.

예를 들어 상식에 어긋난 행동을 한 사람을 보면 화가 난다. 여기서 잘 생각해보자. 화의 원천은 상대방이 제공하였는데 자기가 화를 내고 있다. 상대방이 불을 냈는데 내가 타고 있게 내버려두고 있는 것이다. 상대방의 불에 내가 타지 않게 불이 타는 방향과 반대쪽에 서 있어야 한다. 이것이 삶의 지혜다. 불에 타지 않고 살 수 있는 방법이다.

더 확실하게 마음을 잡는 방법은 나와 마음과의 주종관계를 확실히 하는 것이다. '마음, 너는 나의 종이다. 네 마음대로 다니면 안 된다. 반드시 허락 받고 다녀야 한다'고 세상에 알려라. 아침에 일어나면 이 주종관계를 확인시키는 의식을 큰소리 내어 말한다. 나는 이 방법을 써서 큰 효험을 봤다. 시험이나 중요한 결정을 앞두고 나의 마음에게 주종관계를 확인시켜 "아무리 나에게 어려운 상황이 와도 너, 마음은 부화뇌동하지 말고 얌전히 있어라"고 다짐을 받아둔다.

호랑이에게 물려가도 정신만 차리면 살 수 있다는 말이 있다. 호랑이를 만나면 이 마음이라는 놈이 너무 놀라서 정신없게 한다. 실성한 사람을 만든다. 도망치지도 못하고 똥오줌 싸게 만들어 호랑이한테 잡아먹히게 만든다. 고양이 앞에서 도망가지도 못하는 쥐로 만드는 것이다. 이렇게 마음을 잘못 길들이면 사람이 쥐가 될 수 있다.

마음을 잘 다스리려면 먼저 마음에서 떨어져 마음을 잘 관찰하는 것이 필요하다. 그런데 마음에서 떨어져 있기가 아이 젖 떼는 것만큼 힘들다. 이유기에 엄마가 젖 달라고 우는 아이를 떨어뜨리는 어려움을 견뎌야 제대로 젖을 뗄 수 있듯, 마음에서 제대로 떨어져 있어야 한다. 이를 위해서 명상도 하고 수련도 하는데, 이것이 성공하려면 참을성이 있어야 한다. 이렇듯 참는 훈련이 필요하다. 그런데 우리 아이들에게 참는 훈련을 제대로 시키지 않고, 컴퓨터같이 빨리 반응하는 능력을 키우는 데만 전력하고 있으니 그들이 평생 마음의 종이 되어 이리저리 끌려 다닐까 걱정이다.

마음잡는 법

카톡으로 이런 글을 받은 적이 있다. 토끼를 잡을 때는 귀를 잡아야 하고, 닭을 잡을 때는 날개를 잡아야 하고, 고양이를 잡을 땐 목덜미를 잡으면 되지만, 사람은 어디를 잡아야 하느냐. 멱살을 잡으면 싸움이 나고, 손을 잡으면 뿌리치기 때문에 마음을 잡아야 한다는 것이다.

그렇다. 사람은 마음을 잡아야 한다. 마음이 위와 같은 비상시스템을 작동하도록 하지 말아야 한다. 시스템을 계속 비상시스템으로만 작동하면 정상시스템은 붕괴된다. 마음이 제멋대로 비상시스템을 작동하지 않도록 자기가 마음을 확실히 잡아야 한다.

이를 위해서는 먼저 뚝심이 필요하다. 외부의 웬만한 충격에는 꿈쩍 않고 버티는 힘이 있어야 한다. 외부 자극에 일일이 대응할 필요가 없다. 세상만사는 항상 변한다. 일희일비一喜一悲할 필요가 없다. 마음이라는 놈이 경거망동輕擧妄動하지 않도록 해야 한다. 별것도 아닌 일에 목숨을 거는 사람들이 있다. 이런 사람들은 오감에 따라 뇌를 작동시키고, 이에 상응하는 감정을 별 생각 없이 내보내고, 상대방도 이 감정을 받아 똑같은 과정을 거쳐 더 큰 감정을 내보낸다.

오감이 수용한 정보를 받아보고 별것 아니다 싶으면 찢어버리는 배짱이 필요하다. 이런 배짱은 어떤 고난과 역경이 오더라도 이겨낸다는 뚝심에서 나온다. 뚝심이 있어야 대장부가 될 수 있다. 맹자孟子의 대장부大丈夫, 즉 "천하의 넓은 곳에 몸을 두고, 천하의 바른 위치에 서 있으며, 천하의 큰 길을 걷는" 사람이 되는 것이다.

다음으로, 생각하는 습관을 들여야 한다. 어떤 것을

오감이 수용해 뇌로 보내고, 뇌가 이에 단순 반응해서 교감신경을 자극하도록 그대로 두면 생각 없이 그대로 감정을 발산하게 된다. 정신을 차리지 않고 있어 뇌의 생각기능을 작동시키지 않은 것이다. 이러면 "생각 없는 사람"이 된다. 이때는 "이놈! 정신 차려!" 하고 냅다 소리 질러야 한다. 이렇게 정신을 바짝 차리고 뇌의 생각기능이 항시 작동될 수 있도록 하려면 계속해서 반복해야 한다. 말을 하든지 무슨 감정을 배출할 때마다 '가만있어 봐' 하고 생각하는 습관을 들이도록 하자.

3
다르게 살아야 존엄한 삶이 된다

사람은 왜 존엄한가?
: 이 세상에 하나밖에 없기 때문이다.

원조가 되어라

이 세상에 나라는 사람이 하나밖에 없다는 것은 엄연한 사실이다. 이를 보고 어떤 자는 외톨이라고 느끼고 비관하는가 하면, 부처님은 존엄하다는 사실을 깨달았다天上天下唯我獨尊. 가격을 결정하는 데 있어서 희소성의 원칙이 가장 중요한 역할을 한다. 하나밖에 없다는 사실만으로 이 세상의 어느 보물보다 존귀한 것이다.

자기 잘난 맛을 모르고 남이 더 잘났다고 생각해 배우처럼 얼굴을 만들려고 성형을 한다. 카피한 것은 진본을 따라갈 수 없다. 남을 좇아 살다보면 영원한 짝퉁 인생이 될 수 있다. 짝퉁 인생은 가짜 인생이다. 가짜를 좋아하는 사람은 없다. 장충동 족발집도 족발을 많이 팔려고 족발집마다 원조를 주장한다. 오리지널이 되어야 한다. 그래야 제대로 존귀한 몸이 될 수 있다.

사람마다 다 다르다

이 세상에 자기가 하나밖에 없다는 것은 이 세상 사람들은 모두 다르다는 말과 같다. 사람은 다 다르기 때문에 인간은 비교의 대상이 될 수 없다. 평가의 대상이 될 수 없다. 사람을 평가하는 것은 신의 영역이지 사람의 영역이 아니다. 만약, 사람을 평가한다면 가장 오류가 많은 부분이 정신분야일 것이다. 정신분야, 특히 마음에 대해서는 알려진 것이 거의 없다고 봐야 한다.

모르는데 무슨 평가인가? 외모의 경우도 마찬가지다. 잘생겼다는 기준이 무엇인가? 눈이 커야 하나? 작아야 하나? 적당해야 하나? 적당하다면 어느 정도여야 하나?

사람의 시각으로는 사물을 정확히 못 본다. 불연속된 것을 연속되어 있다고 착각하는 것이다.

더욱 웃기는 것은 미인대회다. 미인의 기준이 어디에 있는가? 기준이 없다보니 평균값을 기준으로 한다. 즉, 잘생겼다는 것이 뛰어나다는 것이 아니다. 중간 정도에 들었다는 것이다. 이것도 모르고 1등 했다고 뽐낸다. 세상 사람들이 그 1등에 맞추려고 갖은 노력을 한다. 더욱이 모르겠는 것은 동양미인과 서양미인을 어떻게 비교를 해 1등을 뽑느냐는 것이다. 이때 편견은 극에 달한다. 잘사는 나라, 힘 있는 나라가 기준이 된다. 미녀 고르는 기준이 태어난 지역이 되는 것이다. 우리는 그것을 모르고 그 기준에 맞추려고 애를 쓴다. 거기에 맞지 않는다고 하늘이 주신 선물에 칼을 대고, 칼을 댈 형편이 되지 못하는 사람은 자신을 비관하고 기가 죽은 채 산다.

모든 시비는 평가하는 데서 생긴다. 말도 안 되는 짓을 했는데, 시비를 안 거는 것이 이상하다. 남편이 마음에 안 들어도, 아이가 공부를 하지 않더라도 남의 남편과 남의 아이와 비교하지 마라. 비교할 수 없는 것을 비교하는 당신의 어리석음만 드러낼 뿐이다. 더구나 남의 남편을 얼마나 안다고, 남의 아이를 얼마나 안다고 비교하려 덤비는가? 그럴 시간이 있으면 내 남편의 관심사는 무엇인지, 우리 아이의 적성은 무엇인지 알아보라. 그것만 잘 알고 개발하면 잘나가는 사모님이 되고, 자식자랑에 침 마를 날이 없을 것이다.

달라야 산다

내가 남과 다르듯이 남도 나와 다르다는 것을 알아야 한다. 우리는 나의 생각이 옳고 남의 생각은 틀리다고 본다. 원래 '옳다' '그르다'는 것은 어떤 기준에 비추어볼 때 옳으니 틀리니 하는 말이다. 그런데 그 기준을 자기에게 두고 맞지 아니하면 틀리다고 한다. 세상만물은 다 다르기 때문에 자기를 기준으로 할 경우에 모두 틀리는, 즉 다른 것이 정상이다. 옳다는 것도 마찬가지다. 자기 기준에서 볼 때 옳다고 보이는 것은 잘못 본 것이다. 상대방에 대한 편견이나 선입견이 들어가 옳다고 보는 것이다. 손자가 귀여우면 미운 짓을 해도 귀엽다. 서로 다른 생각을 하는 것이 맞는 것이다.

심지어는 다른 것을 나쁘다고 생각한다. 그렇게 생각하면 세상만사가 다 나쁜 것이 된다. 잘못된 생각 하나가 멀쩡한 세상을 나쁜 사람으로 가득 찬 지옥으로 만드는 것이다. 자기를 사랑하는 부모, 자식, 형제까지도 다른 생각을 하고 있다는 사실만으로 나쁜 사람으로 생각하는 단계에 이르면 큰일이다.

사람마다 지문이 다르고, 홍채가 다르고, DNA가 다르다. 자신의 DNA대로 살아야 한다. 왜 남의 눈치를 보고 자기 할 말을 못하는가? 최근에 홍채인식, DNA 검사를 활용해 그동안 할 수 없었던 것을 쉽게 해결하고 있는데, 이것이야말로 '세상만물은 모두 다르다'는 진리를 삶에 활용한 것이라 할 수 있다.

하나의 아이디어가 세상을 바꾼다. 아이디어라는 것은 기존에 없던 것이다. 기존에 있던 것과 다른 것이다. 기존의 낡은 획일적 사고를 벗어나 다른 사고를 해야 새로운 세상을 얻을 수 있다. 다른 사람들이 태양이 지구를 돈다고 해도, 지구가 태양을 돈다고 다른 생각을 해야 진리를 얻고 새로운 세상을 얻는다. 달라야 산다. 달라야 번영한다.

그런데 우리는 똑같은 교과서로 똑같은 내용을 가르치고, 가르친 대로 똑같이 답을 한 사람을 똑똑하다고 평가하고 좋은 대학에, 좋은 직장에 먼저 들어갈 수 있는 특권을 준다. 천재들을 짝퉁으로 만드는 바보 같은 교육에 막대한 비용을 들이고 있다.

4
거듭나야 한다

거듭나지 못하면 어떻게 되나?
: 썩는다.

너무 머무르면 병이 된다

세상에는 안 변하는 것이 없다諸行無常. 인간도 변하지 않고 머물러 있으면 썩는다. 어제와 오늘이 같고 내일이 같으면 무슨 재미로 사는가? 질려서 못 살 것이다. 머물러 있으면 지겹다. 의학사전에 의하면, 권태倦怠는 만성적 긴장감, 초조함 그리고 불만족스러운 느낌을 특징으로 하는 고통스러운 정동 상태라고 한다. 권태는 고통스러운 병인 셈이다.

인간은 머무를 수 없는 존재다. 그래서 너무 머무르면

병이 된다. 내가 나에게 질리지 말아야 하고, 남이 나에게 질리게 하지 말아야 한다. 질리면 떠난다. 떠나면 끝이다. 오랜만에 만난 사람을 보고는 "하나도 안 변하셨네요" 하면 욕이다.

그러면 어떻게 변하야 하나? 역사는 발전의 기록이고 진화의 장이다. 어제보다 오늘이 나아야 하고 내일이 더 나아야 한다. 아버지보다 자식이 잘돼야 그 집안이 번성한다.

현재 나의 위치가 높음을 뽐내지 마라. 높은 것이 좋은 것이 아니다. 내려올 일만 남았기 때문이다. 나의 위치가 낮음을 한탄하지 마라. 위로 올라갈 수 있는 희망이 있음에 감사하라. 발전하는 사람은 자기를 발전하게 하고, 자기의 발전으로 가족이 발전하고, 사회가 발전하고, 나라가 발전하고, 인류가 발전하는 것이다. 따라서 우리가 찬사를 보내고 감사해야 할 사람은 하루가 다르게 발전하는 사람이다.

우리 대한민국이 다른 나라가 부러워할 정도로 발전

하게 된 것은 일본의 식민지라는 치욕과 동족상잔의 폐허 속에서 원조를 받을 수밖에 없었던 처절한 상황에서도 잘살 수 있다는 희망의 끈을 놓지 않고 노력해 거듭났기 때문이다. 오죽하면 '우리도 한번 잘살아보세'가 국가발전의 구호로 나왔겠는가?

우리는 이 진리를 모르고 전 일생이 일류이길 원하는 삶을 살고 있다. 최고의 집안에서 태어나, 유치원·초중고·대학교도 일류로, 최고의 집안과 결혼하는 것을 갈구하고 흠모하며 산다. 이렇게 살다가 하나라도 최고를 놓치면 집안을 망신시켰다고 그 못난 자식과 천륜을 끊는다고 발악한다. 이것을 두고 '사서 고생한다'고 한다. 본인은 최고의 인생을 산다고 착각할지 모르지만, 한시도 1등을 놓치지 말아야 한다는 강박관념에 시달리는 불쌍한 삶을 사는 것이다.

이 세상에 변하지 않는 것은 없다. 이 꿈같은 삶이 영속할 것으로 믿고 있지만 인생은 한바탕 꿈이다一場春夢. 이 세상에 최고가 있는가? 최고라는 허상을 좇아 인생을 즐기지도 못하고 낭비만 할 따름이다. 일생이 일류라는 것은 한자리에만 머문 인생이다. 따분하고, 질리게 하는 인생이다. 그보다 하루하루가 새로운日新又日新 인생, 새싹처럼 피어나는 인생이 되어야 한다.

우리가 박수를 보내고, 필요로 하는 삶은 입지전立志傳적이고, 자수성가自手成家하는 삶이다. 그런데 이 청출어람靑出於藍의 역사는 그냥 얻어지는 것이 아니다. 거듭남으로 가능한 것이다. 거듭나지 못한 역사는 썩어서 사라졌다.

고통 없는 탄생은 없다

거듭났다는 것은 새롭게 태어났다는 것이다. 그런데 새롭게 태어나기가 쉬운 일인가. 태어나려면 산고産苦의 아픔을 겪어야 한다. 고통 없는 탄생은 없다. 체력증진 전문가의 말을 빌리면 근력을 키우기 위해서는 '이제 더 이상 못하겠다'고 주저앉고 싶을 때, 즉 체력의 한계를 느낄 때 이를 극복하고 계속 운동을 해야 근력이 생긴다고 한다. 그런데 상당수 사람들이 이 한계를 넘지 못하고 포기하기 때문에 멋진 근육을 만드는 데 실패한다고 한다.

인생도 마찬가지다. 세상을 살다보면 앞뒤를 구별할 수 없는 깜깜한 상황에 맞닥뜨릴 때가 있다. '내가 할 수도 없는 일에 매달려 인생을 낭비하고 있진 않는가' 하면서 자기 자신마저 믿지 못하고, 세상이 나를 버렸다는 자포자기에 빠진다. 이때 이를 극복하느냐, 이에 굴복하느냐에 따라 인생이 달라진다. 많은 사람들이 불굴의 정신으로 고난을 극복해야 성공의 열매를 딸 수 있다고 강조한다.

그런데 이것이 막상 당사자에게는 실감이 나지 않는다. 불굴의 의지가 생기지 않는데 자꾸 극복을 하라니 말장난하는 것 같아 짜증이 난다. 공부 못하는 아이에게 열심히 공부해야 성공한다는 말처럼 '약 올리는 말'이다. 성공하고 싶지 않은 사람이 어디 있겠는가? 문제는 그 방법을 모르기 때문이다. 잘못 알고 있는 것이다. 이제 그 방법을 알아보자.

인생의 환절기를 잘 넘겨야

세상만물은 변한다. 사람도 변한다. 봄이 가면 여름이 오고, 여름이 가면 가을이 오고, 가을이 가면 겨울이 온다. 인생의 봄이 자기에게만 와서 죽을 때까지 머물 수 없다. 그것을 원하면 말도 안 되는 욕심이다. 우주의 법칙에 어긋나는 것이다.

일이 안 되면 잘나가는 옆 사람을 보고 "나는 왜 이렇게 복도 없나" 한탄하지 말고 우주만물을 쳐다봐라. 쩨쩨하게 사람하고 비교하지 말고, 이 우주와 나를 비교하라. 겨울이 봄으로 바뀌려면 환절기換節期를 지나야 한다. 노인분들이 이 환절기를 잘 나야 장수하신다. 노인뿐 아니라 인간은 이를 잘 넘겨야 한다. 잘 넘기려면 준비를 해야 한다. 제대로 알아야 한다.

겨울이 가기 직전이 가장 겨울답다. 가장 최고점, 극極에 달한다. 인생도 마찬가지다. 고난도 가기 직전이 가장 극에 달한다. 여기서 지면 안 된다. 여기서 지면 고난이 가지 않고 그대로 머문다. 조금만 견디면 봄이 오기 시작한다. 여기서 안심하면 안 된다. 봄은 그냥 오는 것이 아니라, 환절기라는 정권인수기를 거쳐야 한다.

그래서 인생이 어려운 것이다. 환절기는 변하는 시기다. 인간인 나도 변해야 한다. 몇 년을 애벌레로 지내다가 금빛날개를 가진 매미가 되기 위해서는 허물을 벗어야 한다(금선탈각金蟬脫殼). 변하지 못하면 죽는다. 변한다는 것은 쉬운 일이 아니다. 변해야 산다는 진리를 깨닫고, 변하는 고통을 잘 견뎌내면 봄이 온다는 진리를 확신을 갖고 매진해야 한다. 우리가 마지막 순간에도 희망의 끈을 놓지 말아야 하는 이유는, 마지막 순간은 곧 새로운 순간이라는 우주의 법칙이 이 세상을 지배하고 있기 때문이다.

고난에 감사하자

고난이 없는 사람은 거듭나기가 어렵다. 고난과 시련이 닥치면, 내가 거듭날 기회를 주신 하나님께 감사하자. 그리고 하나님이 주신 기회를 놓치지 말아야 한다. 힘들게 일하다보면 좀 쉬었으면 하는 생각이 든다. 한번 푹 쉬었으면 소원이 없겠다는 말을 한다. 그런데 한 일주일만 일하지 않고 쉬어보라. 좀이 쑤실 것이다. 아예 일을 할 수 없다고 생각해보라. 얼마나 무미건조한 삶이 될 것인가?

일하는 것은 우리가 존재하는 이유다. 우리는 머리를 쓰고 힘을 쓸 때 살아 있는 것이다. 꿈틀거려야 한다. 가만히 있으면 죽은 것과 다를 바 없다. 자기가 가지고 있는 기와 머리를 써야 사람공장이 가동되는 것이다. '일에 중독되었다'는 말이 있는 것은 일을 함으로써 희열을 느낀다는 말이다. 일을 하는 것이 고통으로 느껴지는 이유는 일을 마지못해 하기 때문이다. 마지못해 일한다는 것은 마음이 일에서 떠나 있다는 의미다. 마음이 떠나 있으니 일이 되겠는가? 마음은 일을 안 하는데, 몸만 일을 하고 있어 그 엇박자가 고통을 주는 것이다.

고난도 만찬가지다. 고난이라는 일을 한다고 생각하자. 고난이라는 일에 푹 빠져보자. 고난이 나인지 내가 고난인지 모를 정도로 고난과 하나가 되어 고난이라는 일에서 성공하자. 고난을 피하려고 하면 그 고난이 주는 고통은 더 심하다. 마음은 고난에서 도망가려는데 어쩔 수 없이 몸으로만 고난을 붙잡고 있으면 그 엇박자가 고통을 준다. 고난은 고통을 주는 나쁜 것이라고 생각하니 고난의 악순환으로 고난에서 벗어나지 못하는 것이다.

고난은 정면으로 부딪혀 극복해야 한다. 고난에 몸과 마음을 다 바쳐야 한다. 그러면 고난은 기쁨을 주고 사라진다. 그 기쁨은 고난의 크기에 비례한다. 이렇듯 기쁨을 주는 고난인데 어찌 고난에 감사하지 않을 수 있는가?

마지막인 이 순간에 최선을 다하라

세상만물은 가장 작은 입자가 모이고 모여서 이루어진다. 세상만사는 작은 변화가 모여서 큰 변화를 낳는 것이지, 큰 변화가 변화를 가져오는 것이 아니다. 모든 것에는 단계가 있다. 고층 건물도 1층부터 짓고 올라가야 마지막 층을 완성할 수 있다.

어리석은 노인이 산을 옮길 수 있고愚公移山, 티끌이 모여 태산이 된다. 순간순간이 모여 시간이 되고 세월이 되는 것이다. '이 순간瞬間'에 최선을 다하면 순간이라는 티끌이 세월이라는 태산으로 거듭난다.

이 순간은 한 번 가면 다시 돌아오지 못한다. 우리는 매순간을 보내고 새로운 순간을 맞는다. 따라서 매순간이 마지막이고 최초다. 인생에 한 번밖에 만날 수 없는 것이 이 순간이다. 그래서 순간은 소중한 것이다. 오늘을 마지막이라고 생각하라. 왜 내일 종말이 와도 한 그루 나무를 심어야 하는지 생각해보라.

따라서 마지막인 날을 새롭게 살아야 한다. 오늘이 마지막이라고 생각하면 모두가 용서된다. 그렇게 괴롭히던 상사가 갑자기 암에 걸렸다는 말을 들으면 마지막이 될지 모르는 그와의 만남에서 그를 미워할 수 없다. 죽이고 싶은 사람도 그와의 만남이 마지막이라고 생각하면 죽이고 싶은 생각이 없어진다. 남편이 술 마시고 와서 허튼 소리를 해도 오늘이 마지막이라고 생각하면 짜증이 안 난다.

오 헨리의 『마지막 잎새The Last Leaf』와 알퐁스 도데의 『마지막 수업The Last Lesson』을 읽을 때 우리 마음이 뭉클해 지는 것은 왜일까? '마지막'이라는 인간의 원천적인 이별의 아쉬움을 자극했기 때문이다. 내일 종말이 온다. 오늘이 마지막이면 한 그루 사과나무를 심을 수밖에 없다. 마지막인 이 순간에 최선을 다해야 내일 나는 새로운 나로 거듭나게 된다. 이 순간과의 마지막이라는 이별의 아픔을 겪고 이를 극복해야 새로운 나로 거듭 태어나는 것이다. 마지막이 될 이 순간에 자기가 갖고 있는 것을 모두 주고 이 순간을 떠나보내자.

과거는 과거다

그런데 이 순간이 만든 현재가 소중하다는 것을 모른 채 과거 속에 살고 있는 사람들이 있다. 답답하고 한심하다. 과거는 과거다Gone is gone. 과거는 죽었다. 어찌할 수 없다.

이렇게 죽은 과거를 짊어지고 사는 사람 중에는 이른

바 스펙 좋은 사람이 많다. 이런 사람은 현재 자기의 좋은 스펙을 알아주지 않는다고 불만을 터뜨린다. 초등학교 때는 자기보다 형편없던 친구가 세상을 잘 만나 지금은 자기보다 훨씬 잘산다고 세상을 한탄한다. 이 사람들은 자기 잘난 맛에 너무 머물러 있어 현재 형편없이 됐다는 것을 모르고 있다.

토끼와 거북처럼 서로 종種이 다른 경쟁에서도 너무 방심하다 보면 지고 마는데, 인간끼리의 경쟁에서는 언제든지 다윗이 골리앗을 이기는 상황이 벌어질 수 있다.

우리 사회는 스펙, 특히 학력에 강박관념이 있는 것 같다. 일류학교 출신이라는 스펙을 갖고 있는 자는 뭐든 잘할 것이라는 착각을 한다. 그래서 너도 나도 이 스펙을 갖추려고 난리다. 심지어 일류대학에 들어갈 수 있도록 하는 프로그램을 운영하는 유치원을 들여보내지 못해 야단이다.

아무리 자수성가한 사람이라도 정상적인 학력을 갖추지 못하면 무시하고, 초등학교 때부터 일류 스펙을 가진 자를 우대하는 잘못된 사회풍조 속에 살고 있다. 대학 졸업장이 없다는 것이 결혼에 장애가 되는 우스꽝스러운 사회에 살고 있다. 고졸 출신이 대통령이 되고, 초등학교밖에 못 나온 사람이 세계적인 대기업을 만든 우리나라에서 말이다. 오죽하면 대기업 입사원서에 학력을 빼도록 했겠는가. 어려운 환경에도 굴하지 않고 열심히 노력해 자수성가한 사람을 존중하는 사회를 만들어야 발전된 사회로 거듭날 수 있다.

무심의 마음으로 살아라

5
꿈을 이루는 삶을 만들자

내가 어디까지 올라갈 수 있나?
: 꿈꾼 만큼 올라간다.

꿈의 크기가 인생의 크기를 결정한다

조물주가 사람에게 꿈을 가질 수 있도록 하게 한 것은 다른 생명체보다 특혜를 준 것이다. 사람이 무엇을 이루어내려면 꿈을 가져야 한다. 꿈이 없다는 것은 희망이 없다는 것이다. 원하는 것이 없는데 무엇을 얻을 수 있겠는가?

많은 것을 이루려면 꿈이 커야 한다. 꿈은 무한하다는 특성을 지녔다. 아무리 큰 꿈을 꿔도 없어지지 않는다. 단, 사람은 유한자有限者로 시간의 지배를 받기 때문에 자기가 할 수 있는 것을 정하면 된다. 여기서 중요한 것은 자기가 할 수 있는 것이 어디까지인지 어떻게 알 수 있냐는 것이다. 다시 말해 자기 평가가 필요하다.

사람은 미완의 존재이므로 그 능력은 계속 커질 수 있는 속성을 지녔다. 그래서 미리 단정할 수 없다. 추정이 가능한 것은 인생의 시간이 많이 남아 있는 젊은이가 상대적으로 시간이 적게 남아 있는 노인들보다 꿈을 이룰 가능성이 더 크다는 것이다.

여기서 추정이 가능하다고 한 것은 주어진 시간을 어떻게 활용하느냐에 따라 능력의 범위가 달라질 수 있기 때문이다. 앞으로의 시간이 많은 젊은이라도 그 시간을 낭비하면, 남은 시간을 효율적으로 사용하는 노인보다 더 큰 꿈을 이룬다고 단언할 수 없다. 아무튼 성장일로에 있는 젊은이들은 "소년이여, 야망을 가져라Boys, be ambitious!"라는 말을 되새겨 지혜로운 삶을 시작하기 바란다.

꿈을 함부로 평가해선 안 된다

어떻게 해야 자기를 제대로 평가할 수 있을까? 여기서 지킬 것은 남이 하는 평가를 믿지 말라는 것이다. 나도 나를 모르는데 남이 나를 어떻게 알겠는가? 사람의 정신분야는 최근 뇌 연구의 성과로 하나하나 밝혀지고 있으나 아직은 '장님 코끼리 만지는' 식이다. 사람의 의식만 하더라도 잠재의식으로 꼭꼭 숨어 있는 것이 있고, 능력도 잠재력으로 꼭꼭 숨어 있다. 이에 대해 정확히 알지 못하고서 사람에 대해 말해서는 안 된다. 우리가 '잠재'라는 용어를 쓰는 것은 아직 세상에 알려지지 않았다는 말이다.

서양의 기계적 자연관은 모든 사물을 물질로 보고, 쪼개고 쪼개어 마지막 입자까지 알아내는 성과를 통해 우리 인간에게 엄청난 풍요와 편리함을 가져다주었다. 그래서 인간은 만물의 영장이라고 자화자찬하고 있지만 정작 인간에 대해서는 아는 바가 없다. 인간은 물질로 된 것이 아니기 때문이다. 조물주께서 흙이라는 물질로 만들었다고 믿고 싶지만, 혼이라는 정신이 사람을 만들었다는 것은 엄연한 사실이다. 그런데 이 정신은 물체의 소립자와 같이 눈에 보이는 것이 아니다. 최근에는 뇌파를 찍어 시각화하는데 그 수준이 낮은 실정이다. 아직까지 사람을 평가할 수 있는 단계가 아니다. 그런데 서양의 분석적 사고에 입각해 전문가들이 여러 평가 기법을 개발해서 사용하고 있는데, 그 평가척도가 너무 부실해 사람의 인생마저 망치게 하고 있으니 개탄할 일이다.

특히 혈액형 검사, IQ 검사를 보면 평가척도 자체가 너무 엉성해서 이를 신뢰하기 어렵다는 것을 쉽게 알 수 있는데 이를 계속 사용하고 있다. 혈액형 검사 결과는 수혈 등 의학적 목적에 한정해야지, 성격 테스트가 아니라는 점을 명백히 해야 한다. IQ 검사 역시 두뇌에 대한 연구가 일천한 상황에서 장님 코끼리 만지기 식 평가를 해 머리가 좋으니 나쁘니 하는 것은 한 사람의 운명을 망칠 수 있다는 점을 유의해야 한다.

요즘 IQ 검사가 특정능력, 즉 언어능력, 수리능력, 추

리력, 공간지각력 등 네 가지 요소에 한정되어 있어 지능 검사로써 부적당하다고 보고 검사대상의 능력을 넓히자는 이론이 나오고 있다. 하지만 검사 대상을 넓히면 좀 더 나아질 수는 있어도 지능을 정확히 알 수 없다는 점에서 학문적으로만 사용해야 할 것이다.

수학능력평가를 보면 우리가 평가 결과를 얼마나 오남용하고 있는지 알 수 있다. 대학생활을 할 수 있느냐에 대한 평가를 제대로 하고 있느냐는 차치하고라도, 시험점수만 가지고 엉뚱하게도 사람 전체를 평가하는 것으로 사용하는데도 이를 방치하고 있다. 이런 평가는 안 하는 것이 옳다. 해서 얻을 수 있는 이득보다 손실이 훨씬 크다는 사실을 간과해서는 안 된다.

어쩔 수 없이 테스트를 해야 한다면 오차를 줄일 수 있는 노력을 계속하고, 테스트 결과는 대학입시 등 해당 목적에만 사용하도록 제한해야 할 것이다. 그런 평가로 인해 꿈을 잃고 인생을 포기하는 사람들을 종종 볼 수 있기 때문이다. '나는 초등학교밖에 나오지 못해서' '학교 다닐 때 꼴찌만 했는데' '대학도 못 나왔는데' 하고 지레 포기하는 사람에게 나는 말하고 싶다.

"초등학교 나와서도 대기업 회장이 되어 일류대 나온 잘난 수재를 부리고, 학교 때 열등생이 우등생을 사회에서 앞지른 사례는 도처에 널려 있으며, 대학 안 나온 대통령이 우리나라에 두 분이나 된다!"고 말이다.

인간을 평가해 줄 세우는 교육은 아이들을 망치고 사회를 망치는 것이므로 당장 그만두어야 한다. 평가는 경쟁의 자극제가 될 수 있다. 따라서 그 목적에 한정돼야 한다. 만약 이를 넘어 신의 영역을 침범해서 사람이 사람을 평가하면, 이 잘못된 평가에 기가 죽어 기 한번 펴보지도 못하고 꼴찌 아닌 꼴찌 인생을 살게 된다. 무서운 죄악을 저지르는 것이다.

시야를 넓혀 꿈을 키워라

이처럼 사람을 평가하는 일이 어려운 것은 그것이 '보이는 현재'를 판단하는 것이 아니라 '보이지 않는 성장 잠재력'을 알아내는 문제기 때문이다. 앞에서 말한 혈액형 테스트, IQ 테스트 등은 척도 자체도 엉성할 뿐 아니라, 현재 어떤 상태에 있는지를 보여줄 뿐이지 앞으로 어떻게 될 수 있다는 잠재력에 대한 평가가 아니라는 점에서 의미를 많이 둘 필요가 없다.

우리의 관심은 우리 속에 묻혀 있는 성장 잠재력을 끄집어내는 일이다. 꿈을 단지 현재의 능력으로 실현시키겠다고 생각하면 그 꿈은 너무 작다. 능력보다 작은 꿈은 꿈이 아니다. 자기가 가진 뜻을 이루지 못하는 것은 자기의 능력을 과소평가해 힘도 써보지 못하고 주저앉기 때문이다. 이 얼마나 안타까운 현실인가? 물론 자신의 능력을 과대평가해서 감당하지 못할 일을 추구하는 것도 바람직한 자세는 아니다. 그래도 이렇게 자신을 과대평가하는 것이 과소평가하는 것보다는 낫다. 잠재력을 정확히 알아낼 수 있다면 좋지만 이는 힘든 일이므로, 일단 나의 잠재력이 무한하다고 보고 시도하는 것이 할 수 없다고 지레 포기하는 것보다 훨씬 낫기 때문이다.

숨어 있는 잠재력을 키우는 가장 좋은 방법은 시야를 넓히는 것이다. 시야를 넓히는 방법은 여러 가지가 있을 수 있으나 여행이 좋다고 본다. 여행을 하다보면 그동안 내가 보지 못하던 것을 보고 접하면서 문화충격을 받을 수 있다. 이런 충격은 앎의 경계를 넓히는 역할을 한다. 개구리가 우물 안에만 살 이유가 없다. 우물이 작으면 연못에도 살 수 있고 이것도 작으면 호수에서, 바다에서 살 수도 있다. 시야를 넓히면 삶의 반경을 무한히 넓힐 수 있다. 시야를 넓혀 나의 꿈을 키우고, 나의 삶의 반경을 넓히는 것이 인생을 마음껏 살 수 있는 첫걸음이다.

꿈의 씨앗을 뿌려라

그렇다고 꿈만 크면 뭐하겠는가? 꿈이 꿈으로 끝나서는 안 된다. 그런 인생은 일장춘몽—場春夢처럼 허무하기 때문이다. 꿈은 실현되어야 한다. 현실화되어야 한다. 그러려면 조치를 취해야 한다. 씨앗을 뿌려야 한다. 가만히 있으면 안 된다. 시도를 해야 한다. '두드려라. 그러면 열릴 것이다'라는 말처럼 두드리지 않으면 문은 열리지 않는다.

'천 리길도 한 걸음부터'라는 말이 있다. '시작이 반이다'라는 말도 있다. 인생을 살다보면 이 말이 참 옳은 말이구나 싶을 때가 많다. 시작도 안 해보고 "내가 그때 물어만 봤어도" 하고 한탄하는 삶을 살지 않으려면, 지금도 늦지 않았다. 과감히 시도하라. '늦었다고 생각할 때가 가장 빠르다'라는 말은 명언을 넘어 인생의 진리다. 무無에서 유有를 찾아내려면 꿈의 씨앗을 뿌리는 수밖에 없다.

그렇다고 무리한 시도는 실패만 낳고 그 실패는 좌절로 이어질 수 있다. 무리한 시도가 되지 않으려면 준비를 철저히 해야 한다. 상대를 알고 나를 알면 백전백승한다知彼知己百戰百勝고 했으니, 유비무환有備無患을 좌우명 삼아 살자.

일단 씨를 뿌리고 나서는 이 씨가 싹을 낳고 열매를 맺는다는 자연의 법칙에 대한 확실한 믿음이 있어야 한다. 이때 필요한 것이 나는 '할 수 있다'는 정신'can do' mentality이다. 우리는 이 같은 정신으로 역경을 극복한 사례를 수없이 봐왔다. 목표의식이 확신에 찬 사람은 그렇지 못한 사람과 확연한 차이가 난다. 이 확신은 자신에 대한 믿음에서 나온다. 세상에 믿을 것은 나밖에 없다. 나에 대한 믿음을 확신하려면 나의 삶이 우주만물의 법칙, 즉 진리에 입각한 삶이어야 한다. 그래야 흔들리지 않는 삶을 살 수 있다.

기, 기질, 성질 그리고 얼굴

꿈의 씨앗에서 싹을 틔우려면 진리에 대한 확신과 함께 이를 추진할 에너지가 필요하다. 이 에너지가 바로 기氣다. 기는 에너지기 때문에 이것 없이는 살 수가 없다. 사람은 배터리다. 일반 배터리는 전기라는 에너지가 충전되어 있듯 사람은 기라는 에너지로 충전되어 있다. 이 기가 빠지면 누전되는 배터리가 되니 조심해야 한다. 우리는 생기生氣가 넘쳐 활기活氣찬 생활을 하다가 사기死氣가 돌면 가는 것이다.

기가 어떻게 생성되는가 하는 것은 인간의 생의 원동력을 알아보는 문제기 때문에 지극히 중요한 문제다. 그만큼 논란이 많을 수 있다. 기를 에너지로 전제하면, 기는 우리가 먹는 음식이 에너지원이 될 수 있음을 쉽게 추정할 수 있다. 기는 에너지이므로 세상만물은 이 기를 에너지로 삼아 존재하는 것이다. 그래서 기는 만물의 접촉을 통해 외부로부터 받을 수도 있고 빼앗길 수도 있다. 우리가 산에 가면 기분氣分이 좋아지는 것은 산의 기를 받았기 때문이다. 마찬가지로 땅에도 지력이 있기 때문에 우리의 기분에 영향을 미칠 수 있다. 여기서는 접촉에 의한 에너지 확보의 문제는 논외로 하고, 에너지의 자체 확보 문제만 다루기로 한다.

생물학자들은 심장, 간 등 에너지를 많이 사용하는 장기 한 개의 세포 속에 수천 개의 미토콘드리아mitochondria가 있어, 이것이 에너지를 만들어낸다고 한다. 따라서 미토콘드리아가 활성화되어 있는가에 따라 활력이 결정된다고 한다. 과학의 발달로 기가 어떻게 만들어지는가가 밝혀지겠지만, 이 기가 우리의 에너지임은 틀림없는 것 같다. 그렇다면 이 에너지원을 무엇으로 하느냐, 즉 우리 가 무엇을 먹느냐 하는 것은 기의 물질적 특성을 나타내 는 것이므로 중요하다. 식물성 음식을 먹으면 기질氣質이 부드러워지고, 동물성 음식을 먹으면 기질이 강하고 단 단하게 될 것이다.

그렇다고 그 기질이 그 사람의 특성, 즉 성질性質을 그 대로 만드는 것은 아니다. 다시 말해 동물적 음식을 많 이 먹으면 포악한 성질이 될 가능성이 있지만 그대로 되 는 것은 아니다. 여기서 기질을 성질로 바꾸는 데 마음 이 작용한다. 마음이 감정과 합작해 기에 색깔을 입혀서 기의 성질을 만든다. 감정의 작동 방향에 따라 살기殺氣 를 만들기도 하고, 온기溫氣를 만들기도 하는 것이다.

부연하자면 이렇다. 시각, 청각 등 오감이 외부의 첩보 를 입수하면 뇌의 인지기능이 이를 인식하고 여기에 대 응하도록 도파민 등의 물질로 교감신경을 자극시켜 오장육부五臟六腑를 가동한다. 이때 어떤 오장육부가 많이 가동하느냐에 따라 희로애락喜怒哀樂의 감정이 나온다. 이 감정을 외부로 표출하려면 에너지가 필요한데 이것이 기다.

이때 에너지인 기가 어떤 연료를 에너지원으로 하는가, 즉 기질인가에 따라 감정의 표출이 달라진다. 올라가는 성질을 지닌 화기火氣는 머리까지 올라가 머리를 열받게 하고, 살기殺氣 같은 강한 기는 눈으로 분출되어 사나운 눈매로 얼굴을 사납게 만드는가 하면, 부드러운 성질을 지닌 온기溫氣는 입가에 온화한 미소를 띠게 해 얼굴을 부드럽게 만들기도 하는 것이다.

그러니 얼굴을 보면 그의 성질이 어떤지를 알 수 있다. 더 중요한 것은 그 사람의 마음을 알 수 있는 점이다. 따라서 인격을 갖춘 사람이 되려면 바른 음식을 먹어 기질을 유연하게 하고, 마음을 잘 다스려 기의 색깔을 잘 맞추는 노력이 필요하다. 흔히 말하는 전인교육, 인성교육은 이런 기의 원리를 잘 아는 데서 시작해야 할 것이다.

그런데도 패스트푸드만 먹어 기질을 거칠게 하고, 컴퓨터처럼 빨리빨리 반응하는 데 초점이 맞춰진 교육으로 아이에게 생각하는 능력을 빼앗아 마음의 종이 되어 감정을 조절하지 못해 아무 데나 터뜨리는 아이를 어리석은 어른들이 양산하고 있다.

당당한 삶

위와 같이 마음을 불어넣기에 따라 기의 성격이 결정된다고 보면, 이 많은 기 중에서 우리의 꿈을 실현시킬 원동력인 기는 무엇일까? 나는 용기勇氣라고 본다. 용기는 로켓의 추진체와 같아서 꿈의 씨앗을 터뜨려 싹을 내게 하는 데 필요한 에너지를 주기 때문이다.

'용기 있는 남자가 미인을 얻는다'는 말처럼 용기는 꿈을 실현시키는 데 결정적인 역할을 한다. 용기란 아무리 어려워도 굴하지 않는 기운이다. 우리의 꿈을 실현시키기 위해서는 어떤 시련과 역경도 극복하겠다는 불굴의 의지가 필요하다. 이때 만들어지는 기가 용기다. 그렇다면 용기는 어디서 나오는 것일까? 용기는 넓고 올바르게 채워진 기운, 즉 호연지기浩然之氣에서 온다. 평소에 기를 담대膽大하고 강건剛健하게 만들어놓아야 한다.

이런 기를 만들려면 당당하게 살아야 한다. 어떻게 해야 당당해질 것인가? 거리낌 없는 삶을 살아야 한다. 거리낌이 없으려면 나의 모든 힘을 다해 살아야 한다. 더 이상 보여줄 것이 없을 정도로 다 던지는 삶이어야 한다. 이때 나는 하늘에, 나 자신에 한 점 부끄러움 없는 삶을 사는 것이다.

내공을 길러라

기는 사람을 만들고, 꿈을 실현시키는 중요한 보물이다. 이 보물을 마음이 다 차지해서 사람을 갈팡질팡하게 만들도록 두면 안 된다. 이 기를 내가 차지하고 앉아, 기를 내가 원하는 대로 만들어야 할 것이다. 이렇게 하려면 기를 단련시켜야 한다.

그러면 어떻게 기를 단련시킬까? 기를 단련시키려면

각고의 노력이 필요하다. 기체조를 해서 될 문제가 아니다. 소리꾼이 피를 토하는 노력 끝에 득음得音을 하듯, 자기의 꿈을 이루려면 수없이 넘어져도 '나는 할 수 있다'는 불굴의 의지로 나의 가슴에 불을 질러, 다시 일어나서 도전하는 과정을 거쳐야 한다. 대장간의 용광로에서 지져지고 다려져 보검이 탄생하듯이, 사람은 피나는 훈련으로 기를 다져 꿈을 현실로 만드는 것이다.

어떤 분야에서 꿈을 이룬 사람, 이른바 성공한 사람을 보면 다른 사람과 다른 뭔가를 볼 수 있다. 기를 수련하면서 다지고 다지는 과정을 통해 내공이 생겨, 이 내공이 마음을 꽉 잡고 조정하고 있는 것이다. '덜렁이'가 아닌 내실 있는 우리 아이를 만들려면 아이들의 내공을 기를 수 있는 교육이 이루어져야 한다.

기를 재충전해 거듭나자

기는 에너지이므로 배터리 충전하듯 충전이 가능하다. 흔히 기를 받는다고 한다. 산에 가서 산의 정기를 받듯이 기를 받아 기를 충전하는 것이다. 충전해야 오래간다. 오래 산다. 평균수명이 늘어난 것은 옛날보다 영양 섭취가 늘어나 물질적 에너지원이 풍부해져 기를 계속해서 만들어내는 것도 큰 기여를 했다.

기는 이런 물질적 에너지뿐 아니라 정신적 에너지도 필요하다. 그런데 이 정신적 에너지원에 대한 연구는 뇌에 대한 연구를 통해 나아지고 있지만 아직은 일천해 치매 등이 공포의 병으로 여겨지고 있다. 평균수명을 획기적으로 늘리고 인간다운 삶을 살려면 정신적 에너지원에 대한 연구가 성과를 거두어야 할 것이다. 물질만능주의가 인간의 정신세계를 피폐하게 만들자 명상 등의 정신세계로 관심을 돌리고, 과학적으로도 미개척 분야인 뇌에 대한 연구가 실적을 보이고 있는 것은 참 다행스러운 일이다.

권투처럼 상대방과 대결을 하는 운동에서는 기 싸움이 중요하다. 상대방에게 기氣를 뺏기면, 적군에게 기旗를 뺏겼을 때 지듯 상대방에게 지는 것이다. 상대방을 죽이고 싶을 정도로 증오하면 독기毒氣를 품게 된다. 우리는 이를 한恨이라고 했는데, '오뉴월에도 한을 품으면 서리가 내린다'는 말처럼 무서운 것으로 취급했다.

이 무서운 독기를 상대방에게 품으면 상대방은 이를 흡입한다. 그러면 상대방은 독毒을 먹은 듯 기가 마비된다. 그런데 사람의 몸에는 독기가 들어오면 이를 배출시키는 놀라운 기능이 있다. 배출시킬 때는 더 센 독기를 만들어 배출한다. 이제 독기를 뿜어낸 사람이 더 센 독기를 받게 된다. 씨는 뿌린 대로 거둔다는 우주의 법칙이 작용하는 것이다.

오래오래 잘 살고 싶으면 기가 죽어 있는 상대방에게 생기生氣를 뿌려 소생시키고, 그 생기를 이 세상에 다시 쏟아내게 해 세상 모든 사람들이 생기를 들이마시는 생기발랄한 세상을 만들어야 한다. 이를 위해서는 우리 모두 독기라는 사기死氣를 없애고 사랑이라는 생기生氣를 만드는 일에 힘써야 할 것이다.

6
성숙한 삶

성장으로 완성되는 것인가?
: 아니다. 성숙되어야 한다.

인생의 뜸을 들이자

식품은 제조했다고 해서 다 끝난 것이 아니다. 일정 기간 숙성을 해야 하는데, 그 기간은 화룡점정畵龍點睛의 때다. 그 시기를 지나면 음식이 상하고, 그 시기에 이르지 못하면 설익게 된다. 밥을 잘 지으려면 적당히 물을 맞추는 것도 중요하지만 뜸을 잘 들여야 한다. 뜸이 제대로 들지 않은 밥은 설어 먹기가 좋지 않고, 또 너무 뜸을 들이면 타서 먹을 수가 없다.

사람도 성장을 했다고 사람이 다 된 것, 성인이 된 것은 아니다. 성숙이 되어야 한다. 의학적으로는 25세를 전후로 신체적 성장이 멈추게 되므로 그 시기를 넘으면 '퇴행성'이라는 말이 앞에 붙는다고 한다. 우리는 성인의 기준을 나이로 삼는데, 이는 법적으로 성인이 되었다고 간주하는 것이지 실제로 성인이 되었다는 뜻은 아니다.

사람이 성숙하려면 정신적 성장이 있어야 한다. 정신적 성장은 신체적 성장과 달리 눈에 보이지 않기 때문에 성장의 정도를 가늠하기가 어렵다. 다시 말해 어느 정도 숙성을 시켜야 하는지 혹은 뜸을 들여야 하는지 알기가 힘들다. 뿐만 아니라 어떻게 숙성시키는지도 제대로 모른다. 정신적 성장을 하려면 마음의 양식이 필요하다고 하는데 마음의 양식이 무엇인지가 확실하지 않다.

정신적 성장을 위해서는 삶의 의미를 고뇌하는 시간이 필요하다고 본다. 이 고뇌의 시간이 인생의 뜸을 들이는 시간인 것이다. 사람은 생각하는 동물이라 했다. 나는 인간의 가장 아름다운 모습은 고뇌하는 모습이라고 생각한다. 고뇌할 때 가장 인간다운 모습을 볼 수 있

다. 외부 현상에 단순히 반응하는 것은 다른 동물도 할
수 있는 것이다. 이 세상의 본질적인 문제에 대해 깊이
생각하며 고민하는 것은 인간만이 할 수 있는 특권이다.

싫지 않으려면

사람은 눈에 보이는 것만 보려는 경향이 있는 데다가
오감의 불완전성으로 보이는 것도 제대로 볼 수 없는 특
성을 가졌다. 그래서 자기 자신을 과소평가하는 사람이
있는가 하면 과대평가하는 사람이 있다. 사람을 정확히
평가할 수 없기 때문에 어느 정도의 과소·과대평가는 불
가피한 측면이 있다.

그러나 그 정도가 심하면 본인에게나 주위 사람들에게
주는 피해가 크다. 과소평가는 스스로를 뒤처지게 하는
개인의 문제에 그칠 수 있지만, 극도의 과대평가는 오만
을 낳아 자기 자신뿐만 아니라 남을 괴롭게 한다.

사람이 오만하다는 것은 정신적으로 미숙한 데서 온다.
남들은 미성숙하다고 판단하는데도 불구하고, 자기는

완성되었다고 으스대는 것이다. 뜸을 덜 들여 설어버린 것이다. 설은 음식을 먹으면 탈이 난다. 덜 익은 푸른 토마토같은 식물은 독성이 있다고 한다. 채 완성되기 전에 꺾일 수 있어 자기 자신을 보호하기 위해 비장의 무기를 갖고 있는 것이다. 모든 우주만물은 성숙을 위한 시간이 필요하다. 이 기간을 참지 못하면 우주는 완성이라는 선물을 주지 않는다.

벼는 익으면 고개를 숙인다

성장일로에 있는 사람은 자신의 성장에 도취되어 마냥 커질 것 같은 착각에 빠지기 쉽다. 이때는 물불을 가리지 않는다. 그러나 한없이 크는 것은 이 세상에 없다. 어느 정도 크면 성장을 멈추고 쇠퇴기에 들어가는 것이 우주의 법칙이다. 이 우주의 법칙을 모르고 오만방자하게 우주의 법칙을 거스르면 우주는 그 대가를 치르게 한다. 물불을 가려야 하는데 그러지 않으니 물과 불은 다르다는 것을 보여주는 것이다.

조물주는 미완의 존재인 인간의 성숙을 위해 겸손이라는 지혜를 주셨다. 비굴하다는 것은 자기 자신을 실제보다 낮추는 것인데, 겸손하다는 것은 미완의 존재인자기 본질에 충실하다는 점에서 비굴하다는 것과 다르다. 겸손하다는 것은 본질에 충실하기 때문에 부족하지도 않고 넘치지도 않는다. 따라서 겸손함에 당당함이 보인다. 당당함이 보여도 밉지가 않다. 오만은 자기만 있고상대방은 없기 때문에 그 거만스러움에 짜증이 나나, 겸손은 상대방을 인정하고 상대방을 받아들여 나와 너를우리로 만든다.

악수나 인사말로 예의를 표하는 서양 사람들은 우리가 고개 숙여 하는 인사bow법에 호기심을 보이고 그 의미를 묻는다. 보통 우리가 고개를 숙이는 것은 두 가지경우다. 먼저 '고개를 떨군다'는 식의 고개 숙임은 자신이없거나 일이 마음먹은 대로 진행되지 않을 때, 상대방을쳐다볼 용기가 없을 때 부정적 의미로 취하는 자세다.

반면에 예禮를 표하기 위해 고개를 숙이는 것은 나의

마음을 적극적으로 표현하는 행위다. 상대방에게 고개 숙여 인사한다는 것은 상대방에 대한 나의 예의를 표시하는 것이다. 상대방이 존경스러우면 존경의 뜻으로 고개를 더 깊숙이 숙여 인사한다. 아는 어른을 만나도 인사도 않고 그냥 지나치는 것은 이 세상에 자기만 있다고 생각해 남들에게 고개를 숙여 인사할 필요가 없다고 생각하는 미성숙한 행동이다.

사회에서 크게 성공한 사람들을 만나보면 학습능력이 뛰어나다는 것을 알 수 있다. 단순히 공부를 잘했다는 뜻이 아니라 새로운 것을 배우려는 자세가 잘되어 있고, 일단 시작하면 열심히 하는 특징이 있다. "내가 가르쳐 주면 줬지, 배울 필요가 있느냐"가 아니라, 호기심 많은 소년처럼 이것저것 물어보는 모습을 보면 '저런 겸손함이 저 분을 만드셨구나!' 하는 생각이 든다.

사람은 미완의 존재라는 점에서 이 세상에 존재하는 다른 것과 다를 바 없다. 미완의 인간이 이 세상을 제대로 살아가려면 남들과 어울려 살아야 한다는 인생의 진리를 깨달아야 한다. 땅에 기어 다니는 하찮은 미물도 사소하게 여기지 않고 이들에게서 배울 것이 없나 생각하는 겸손의 지혜를 발휘해야 한다. '벼는 익을수록 고개를 숙인다'는 자연의 법칙을 익혀 겸손을 체득하는 삶이 성숙한 삶으로 가는 지름길이다.

5장

어긋난 삶 들여다보기

인생이 어렵게 느껴지는 것은 무엇 때문인가?
: 진리에 터 잡지 않고 어긋나 살기 때문이다.

1
싸움질하는 삶

왜 싸우는 것인가?
: 상대방에 감정에 실려 있기 때문이다.

지는 것이 이기는 것이다?

'싸움질'을 사전에서 찾아보니, '말이나 힘으로 이기려고 상대방과 다투는 짓'이라고 나와 있다. 이렇게 정의하니 참 어리석은 것이 싸움질이다. 왜 이기려고 하는가? 더 근본적인 의문은 '이길 수 있는가'다. 사전같이 말이나 힘으로는 일시적으로 이길 수 있다. 그런데 그 말이나 힘이라는 것이 항상 같으면 문제가 없지만, 말이나 힘처럼 잘 변하는 것도 없다. 오늘은 내가 이겼지만 내일은 내가 질 수 있다.

더구나 큰일인 것은 말이나 힘으로는 이겼으나, 마음은 진 경우다. '맞은 놈은 발 뻗고 자도 때린 놈은 발 뻗고 못 잔다'고 하지 않던가. 상대방에게 상처를 주고 힘으로 제압했는데도, 왜 잘 때 기분 좋게 발 쭉 뻗고 자지 못하는 것인가? 그럼 누가 이긴 것인가?

'지는 것이 이긴 것이다'라곤 한다. 정말 이상한 말이다. 맞았는데 왜 이긴 것일까? 말이나 힘에 진 놈은 진 것이다. 힘으로는 졌어도 마음으로는 이겼다는 말은 변명이다. 마음 갖고 상대방과 붙은 것도 아닌데 마음으론 이겼다고 하는가? 싸움한 놈은 똑같은 놈이다. 똑같은 놈들이니까 싸우는 것이다. 둘 다 펀치가 오고 갔으니 둘 다 진 놈이다. 진짜 이기는 것은 싸우지 않고 이기는 것이다.

싸워서 되는 일은 없다

TV에서 동물의 세계를 보면 암컷을 차지하려고 수컷들이 다투고, 싸움에서 밀린 수컷은 죽거나 그 무리를 떠난다.

승리를 차지한 수컷도 얼마 지나지 않아 새로운 강자가 나타나면 그에 밀려 패자의 길을 걷는다.

먹고 먹히는 동물의 세계가 인간의 세계에도 그대로 재현되고 있다. 인간도 생존경쟁의 세계에서 살아남으려면 '강한 자만이 살 수 있다'고 외치며 약한 자를 억누르고 자신의 몸집을 키운다. 인간의 세계를 동물의 세계로 만들고 있는 것이다. 이러한 동물의 세계에서의 승리는 불안한 일시적 승리다. 제압당한 놈이 호시탐탐 복귀를 노리고 있기 때문에 승자는 정말 발 쭉 뻗고 잘 수가 없다. 승자의 기분에 도취되었다가도 언제 또 처참한 패자의 신세로 전락할지 모른다. 이긴 게 이긴 것이 아닌 것이다.

싸워서 얻는 것은 없다. 잃은 것뿐이다. 그런데도 우리는 더 많은 것을 차지하려고 싸운다. 상대방은 바보인가? 상대도 더 많은 것을 차지하려고 싸운다. 먹이를 앞에 두고 생존의 결투를 벌이는 사자와 하이에나가 되는 것이다. 아비규환의 아수라장이 따로 없다.

이와 같이 싸움은 일을 해결하기는커녕 일을 망쳐놓고 더 큰 싸움을 낳는다. 우리는 끔찍이 사랑하던 부부가 사소한 말다툼이 계기가 되어 이혼이라는 파경을 낳는 것을 종종 본다. 싸움의 속성을 몰라서다. '싸움이 싸움을 낳는다'는 싸움의 속성을 몰라서다. 기분 나쁜 말을 하면 상대방의 기분이 나빠진다. 그러면 상대방은 더 기분 나쁜 말로 반격한다. 이것이 더 큰 기분 나쁜 말을 낳는다. 아이들 싸움이 어른 싸움이 되는 것이다.

그런데도 사람들이 계속 싸우는 이유는 뭘까? 이분법적 사고방식에 싸움의 근본 원인이 있다고 본다. 나와 너를 나누고 그 사이에 담을 쌓아 상대방에게 있는 것을 자기 담 안에 있게 하려고 말이나 힘으로 상대방과 다투는 것이다. 나와 너를 갈라놓고 서로 적군이 되어 대치하고 있기 때문이다. 이러한 싸움의 덫에서 나오려면 나와 너 사이에 쌓아놓은 담을 없애고, 우주만물의 일원이 되어 우리로서 하나가 되어야 한다. 이것이 우주 생존의 법칙에 순응하는 길이다.

193
5장 어긋난 삶 들여다보기

그런데 우리는 말로는 "우리는 하나다" 하면서도 행동은 남남같이 하고 있다. 협상하는 장면을 보면 한결같이 양편이 대치하는 듯 나누어 앉아 대화를 한다. 그러다 잘되면 모르는데, 협상이 안 되면 결렬되었다고 한다. 본래 결렬되게끔 앉아놓고서 말이다. 한민족이 하나가 되자고 모인 남북회담에서 남과 북이 서로 갈라 앉아 대치하는 모습을 보면 '도대체'라는 소리가 안 나올 수 없다. 한민족인데 서로 섞어 앉아, 터놓고 이야기를 나누어야 할 것이 아닌가?

싸움 안 하는 법

싸우는 것은 서로 어긋나 있기 때문이다. 서로 어긋났다고 보고 있기 때문이라고 표현하는 것이 정확한 말일 것이다. 서로 어긋나 있어도 그 어긋남을 인정하면 다툴 필요가 없다.

고故 이상李相 선생이 시비를 거는 깡패에게 "당신이 나하고 붙으면 누가 이길 것 같으냐?"고 묻자 "당연히 내가 이기지. 그걸 말이라고 하냐?"는 대답을 듣고 "그럼 그만두자. 네가 이긴다고 하는데 뭐하러 싸우느냐?"는 말로 상대방을 제압했다는 일화는 우리를 즐겁게 한다. 그런데 평범한 우리는 그 어긋남을 인정하지 않으려고 한다. 누가 봐도 명백한 차이를 인정 안 하고 우기는 것이다. 싸움을 만드는 것이다.

우리는 차이를 인정하기가 어려운가보다. 특히 상대방과의 관계에서는 평등해야 한다는 고정관념에 빠져 있다. 사람은 서로 같을 수 없는 존재다. 각자 DNA가 다르다. 모두 다르기 때문에 사람다운 것이다. 신체적으로 봐도 폐는 작은데 간이 큰 사람이 있고, 간은 작은데 폐가 큰 사람이 있다. 같은 사람은 없다. 같다면 로봇이나 복제인간일 것이다.

잘사는 사람을 보면 '저놈은 나보다 간이 커서 배팅을 잘하니까 돈 좀 번 거야' 하고 인정하면 되는 것이다. 그런데 '저놈은 나보다 배운 것도 없는데 더 잘사는 게 말이 돼?' 하고 그 차이를 정말 말이 안 되는 논리를 들어 인정하지 않는다. 그렇게 공평치 못한 사회와 싸우느라 아까운 인생을 소비하고 있는 것이다. 이렇게 모든 차이를 평등의 관점에서 보면 어긋나지 않는 것이 없다. 싸우지 않을 것이 없다. 싸우지 않으려면 인간은 모든 면에서 같아야 한다는 기계적·절대적 평등의 고정관념에서 벗어나야 한다.

싸움은 자기중심적 사고에 기인한다. 상대방은 없고 자기만 있다고 생각하는 것이다. 상대방은 안중에 없다. 상대방을 무시하는 것이다. 상대방을 무시하는데 상대방은 가만있겠는가? 사람은 '사람 인人' 자가 나타내듯 서로 의존하고 버팀목이 되어야 살 수 있는 관계적 동물이다. 상대방을 거들떠보지 아니하면 자기가 쓰러진다. 그것도 모르고 무시를 하니 싸움이 일어나지 않겠는가? 상대방을 보면 된다. 상대방의 존재를 인정하면 된다.

우리는 다투고 나서 "내가 잘못했어. 내가 당신을 오해했어"하며 화해한다. 싸움은 오해에서 출발하는 것이다. 양 당사자가 오해를 하고 있는 것이다. 이해를 하면

무심의 마음으로 살아라

싸울 필요도 없다. 싸움을 안 하려면 상대방을 인정하고
이해하는 노력이 필요하다. 너무 당연한 이야기를 한 것
같다. 이 당연한 이야기를 까먹고 우리는 싸우는 것이
다. 진리는 당연한 것인데 우리가 이를 모르고, 알고도
무시하고 까먹었기 때문이다.

감정 있다는 말의 의미

"너, 나한테 감정 있어?" 싸움의 시초에 나오는 말이다.
그런데 이 말 속에는 무엇이 빠져 있다. '나쁜'이라는 형
용사가 감정이라는 명사 앞에 생략되어 있다. 본래 감정
은 희로애락을 느끼는 것이므로 나쁜 감정, 좋은 감정이
모두 있을 수 있다. 그런데도 우리는 '감정이 있다'는 말
은 상대방에 좋지 않은 감정으로 받아들인다.

　나를 나로 보아야 하는데 네가 네 멋대로 나를 본다
는 말이다. 사물은 있는 그대로 보아야 한다. 그런데 그
사물을 볼 때 내가 개입되면 그 사물은 나의 사물이 된
다. 나의 마음이라는 놈이 나의 입장에서 사물을 보는

것이다. 나의 입장에 비추어 상대방이 이로운 것인지, 해로운 것인지 판단하는 것이다. 그 판단에 따라 그에 상응하는 감정을 표출하는 것이다.

상대방 입장에서 보면 말도 안 되는 소리다. 나는 가만있는데 네가 왜 나를 함부로 판단하냐는 것이다. 화날 만도 하다. 싸움이 될 만도 하다. 서로 보는 것이 어긋나 있기 때문이다.

사실은 사실대로

우리가 이와 같은 싸움의 단초를 만들지 않으려면 사실을 사실대로 보아야 한다. 사실에 감정을 섞으면 사실이 왜곡된다. 그런데 사실을 사실대로 보기가 상당히 힘들다. 마음이라는 놈이 사실을 보는 데 작용하지 못하도록 해야 하기 때문이다. 어떤 현상을 오감의 기관이 수용하면 마음이라는 놈이 제멋대로 이에 상응하는 감정을 자극해 배출한다.

거의 모든 싸움이 사실을 사실대로 보지 않았기 때문

에 생긴다. 사람의 마음속에는 선입견, 편견 등이 그대로 저장되어 있어 어떤 사실을 판단할 때 이것이 개입해 억측을 하고 그에 따라 감정을 표출한다. 아이가 학교에서 친구하고 사소한 다툼이 생겨 선생님과 상담하느라고 집에 늦게 왔는데 엄마는 "너, 피시방에서 게임하느라 늦었지?" 하고 화를 내면 "엄마는 알지도 못하면서!" 하고 자기 방문을 쾅 닫고 들어가버린다. 엄마는 "이 녀석이 뭘 잘했다고?" 하면서 야단을 친다. 억측이 엄마와 자식을 화나게 하고 싸우게 하는 것이다.

사실을 사실대로 보고 말하는 습관을 들여야 한다. 애가 늦게 오면 이상한 억측을 하지 말고 "어제보다 늦었구나" 하고 사실만 말하자. 그리고 상대방의 이야기를 들어보자. 아무리 자식이라도 화가 풀리지 않았다면 화를 나게 한 사실을 금방 말하지 않을 것이다. 그러면 기다리자. 화난 상태에서 말하는 것은 감정이 섞여 제대로 판단할 수가 없다. 잘못하다간 애들 싸움이 어른 싸움이 되고, 애꿎은 선생님만 자기 자식 편을 안 들어줬다고 욕먹게 된다.

사실을 사실대로 보지 못하다보면 없는 사실을 있는 것으로 생각하는 '망상장애delusional disorder'라는 정신질환에 걸릴 수도 있다. 만나보지도 못한 인기 연예인이 자기를 좋아한다는 착각에 빠져 그 연예인을 좋아하는 등 합리적 판단이 결여되는 것이다. 이 정도까지 이르지는 않더라도 우리 역시 판단력이 현저히 낮아질 때가 있다. 이것이 습관이 되면 큰일이므로 평소에 사실을 사실대로 보는 연습을 해야 한다.

미국 유학을 할 때 아이들 역사 숙제로 "교과서 내용 중에서 사실fact과 의견opinion을 구별하라"는 것을 매 수업마다 내주는 것을 보고 큰 감명을 받았다. 우리는 사실과 의견을 잘 구분하지 않는 것 같다. 어떤 일에 대한 대응 조치를 논할 때 사실을 쭉 적시하고 난 후에 이에 대한 의견을 말해야 하는데, 사실과 의견이 섞여 있어 객관적으로 판단하기가 어렵다. 사실에 입각해 객관적으로 판단하지 않고, 주관적으로 판단하는 것은 억측에 지나지 않는다. 어긋남의 단초가 되는 억측을 막으려면 사실을 사실대로 보는 습관을 가져야 한다.

2
충동적인 삶

왜 극단적인 선택을 하게 되는가?
: 들뜬 마음이 제멋대로 일을 저지르기 때문이다.

욱하는 감정

최근 '충동'이라는 단어를 자주 접한다. '충동구매'라는
일상생활에서의 단순 실수라는 관념이 '충동살인'이라는
극한개념으로 변하자, 사회에서도 이에 대해 큰 관심을
보이기 시작하고 있다.

충동impulse은 상황을 계속 악화시키는 암과 같은 고약
한 개념이므로 이에 대한 접근이 용이하지 않다는 것이
문제다. 그래서 충동은 조절이 잘 안 되는 특성이 있다.
특히 의학적으로는 '충동조절장애Impulse Control Disorder'라

해서 이에 대한 많은 연구가 진행되고 있다.

우리 뇌에는 감정을 일으키고 받아들이는 '변연계'라는 부위가 있고, 이 감정을 조절하고 실제 행동으로 옮기는 '전두엽' 부위가 있다고 한다. 그런데 이 두 부위 중 한쪽, 또는 두 부위 간의 문제가 생길 때 충동을 조절하지 못한다는 것이다. 이러한 발견은 우리가 감정을 일으키고 조절하는 부위를 알아냈다는 점에서 획기적인 성과라 할 수 있다.

그러나 우리는 여기서 만족해서는 안 된다. 뇌에 대해 문외한이어서 용감하게 말하는지는 모르지만, 뇌에 대한 연구 성과는 이제 걸음마 단계라고 보아야 한다. 성범죄자의 감당할 수 없는 성적충동을 어떻게든 막아보자는 다급한 심정으로 발에 족쇄를 채웠지만, 아직 뚜렷한 해결책이 없는 상태다. 왜 충간소음이라는 사소한 다툼이 '욱' 하는 감정을 폭발시켜 살인까지 저지르게 하는지 안타까울 뿐이다.

이런 충동적인 감정은 특수한 성격을 지닌 사람들의

문제가 아니라 인텔리라 자처하는 사람에게서도 언제든지 나타날 수 있다는 점에서 우리를 불안하게 만든다.

우리는 너무 떠 있다

정상인의 행동은 이런 과정으로 발현될 것이다. 처음에 심리적 충동이 일어나게 되면, 뇌에서는 이를 계속 진행할 것인지 여부를 검토한 후 그 충동이 그대로 나타나기도 하고, 수정되어 나타나기도 하며, 억제하기도 할 것이다.

충동은 자연스러운 심리적 과정인데, 문제는 이를 조절할 수 있는 심리적 기능이 제대로 발현되느냐다. 사람 중에는 이 기능이 잘 작동되는 사람이 있는가 하면, 이것이 제대로 작동하지 않는 사람이 있을 수 있다.

사람은 환경적응력이 있어 자주 사용하는 기관은 발달하고, 그렇지 않은 기관은 퇴화한다는 '용불용설用不用說'의 학설을 잠시 빌려와 문제를 바라보자. 우주만물은 생존에 필요한 기능을 구비하고 있는데, 그 기능 중 하나가 자동조절기능이다. 우리의 육체는 면역세포에 이 자동조절기능이 있어 외부 침입자인 병균에 잘 저항하도록 설계되어 있다. 사람의 정신적 측면에도 이 자동조절기능이 내장되어 있는데, 이는 생각하는 기능일 것이다. 사람을 생각하는 동물이라고 일컫는 것은 이 기능이 작동하도록 설계되었다는 뜻이다. 그런데 생각을 하지 않고, 다시 말해 생각기능을 작동하지 않은 기간이 길다 보니 녹슬어 작동이 잘 되지 않는 것이다.

아이들은 가만히 있지 못하고 이리저리 관심을 바꾸는 경향이 있다. 그런데 그 산만함이 지속되거나, 정도가 넘치면 문제가 된다. 요즈음에는 이를 '주의력결핍과잉행동장애ADHD: Attention Deficit / Hyperactive Disorder'라 하여 의학적 관심의 대상이 되고 있어 아이들이 조금만 산만하면 병원부터 찾아가는 열성 부모가 있는데, 아이가 좀 산만하다고 환자로 만들 필요가 있는지 모르겠다.

산만하다는 것은 떠 있다는 것이다. 따라서 아이를 좀 더 가라앉힐 필요가 있다. 요즘에는 어른들도 너무 떠 있다. 도무지 가만히 있질 못한다. 별것도 아닌 일에 가만히 있지 못하고 시비를 걸고 싸운다. 도무지 통제가 되지 않는다. 가라앉혀야 한다. 억지로 가라앉혀봐야 또 일어난다. 자진해서 일어나지 못하게 해야 한다.

안정화가 필요하다

충동적으로 행동한다는 것은 심리적으로 안정이 안 됐다는 것이다. 따라서 심리적으로 안정시키는 것이 필요하다. 이는 간단한 훈련으로 가능하다.

초조하거나 마음이 안정되지 않을 때 복식호흡을 하면 마음이 좀 가라앉는 것을 경험해보았을 것이다. 이렇게 복식호흡을 하면서 내심呼과 들이쉼吸을 해보자. 호흡을 세는 것에만 집중하자. 복식호흡이라는 행동을 하면서 그 움직임을 보는 것이다. 충동적 행동을 관찰할 수 있다는 것은 이를 통제할 수 있다는 것을 의미한다.

이렇게 모든 심리적 반응을 관찰하는 훈련은 충동적 행동을 제어할 수 있는 능력을 길러준다. 쉽게 말해, 어떤 행동을 할 때 먼저 생각하는 것을 습관화한다는 것이다. 충동적 행동은 생각 없이 하는 행동이다. 자기가 진짜 필요한 물건이 무엇인지 한 번쯤 고민한다면 충동구매는 있을 수 없다. 시빗거리도 조금만 따져보면 별일이 아닌데 생각을 안 했기 때문에 극단적 상황까지 가는 것이다.

그동안 우리가 너무 생각 없이 살아온 것은 아닌가 되돌아보자. 생각하는 습관은 우리 뇌의 녹슨 생각기능을 되살리고, 이것이 충동을 수정하기도 하고 억제하기도 하는 조절기능을 정상적으로 작동시킨다.

더욱 중요한 것은 어린아이들이 정서적 안정감을 갖도록 하는 것이다. 특히 엄마 품에 안겨서 느끼는 포근한 감정이 잠재의식에 남아 있는 아이일수록 충동적 행동이 적은 것을 쉽게 유추해볼 수 있다. 그러나 맞벌이 부부의 증가로 아이가 엄마 품에 오래 있지 못하고, 이리저리 맡겨지는 현실이 아이의 인생에 있어서 가장 소중한 것을 빼앗아가는 것이 아닌지 염려스럽다.

또한 친구도 없이 우리 아이들이 컴퓨터 게임처럼 빠른 반응속도를 요하는 놀이에 푹 빠져 생각할 틈도 없이 시간을 보내는 것을 보면 안타깝다. 여기에 학교 교육마저도 컴퓨터같이 팍팍 머리가 돌아가는 것을 지향하고 있어 생각하는 능력을 사장시키고 있다. 우리가 충동적 아이를 키우고, 충동적 사회를 만드는 것이다. 이 들떠 있는 사회를 좀 더 가라앉히는 안정화 작업이 시급하다.

3
불평불만 하는 삶

왜 인생이 불평불만투성인가?
: 나를 남에게 맞추려 하기 때문이다.

불평은 습관이다

세상을 살다보면 자기 뜻대로 되는 일이 거의 없다. 그런데 주위에 있는 사람들은 왠지 잘만 풀리는 것 같다. 나만 잘 안 되는 것 같다. 그러니 살맛이 안 난다.

이런 상황에서는 마주치는 것이 다 싫다. 강아지가 앞에서 꼬리를 흔들고 아양을 떨어도 한 대 걷어차고 싶다. 사랑하는 아내가 웃으며 말을 걸어도 '이 여자가 나를 비웃나' 하고 화가 난다. 그러니 강아지도 아내도 나를 이상한 사람으로 보고 피하게 된다. 아양을 떨어도 화를 내니 어느 누가 좋아하겠는가? 악순환의 연속이다.

불만이 쌓이면 마음이 한쪽으로 기울어 사물을 비뚤게 본다. 비뚤어진 상태에서 나오는 불평은 상대방을 거슬리게 하고 나도 거슬리게 한다. 본래 우주만물은 좋은 점과 나쁜 점을 다 가지고 있다. 더 정확히 말하자면, '좋다' '나쁘다' 하는 것은 내가 만들어낸 것이지 사물이 갖고 있는 것이 아니다. 내가 좋게 보면 좋은 것이고, 나쁘게 보면 나쁜 것이다. 내가 불만의 상태에 있으면 내 마음의 평정심이 무너져버린다. 그래서 내 앞에 있는 상대방은 그것이 사람이든 사물이든 나의 불만을 초래시킨 나쁜 놈으로 투영되는 것이다.

잘못 본 것을 그대로 배출시키면 불평이 되지만, 이를 배출시키지 못하면 마음속에 쌓인다. 그러다 어떤 일이 계기가 되면 욱하고 폭발해 정말 일을 낸다. 평소 얌전하고 말 없는 사람이 한번 화내면 감당하지 못하는 것이 이 때문이다. 차라리 불평으로 배출하는 것이 나을 수도 있다.

그런데 불평이라는 것도 '뿌린 대로 거둔다'는 우주의 법칙에서 벗어날 수 없다. 불평이라는 건 비뚤어진 말이므로 상대의 반응이 좋을 수 없다. 다행히 상대방이 '이 상한 놈이다'라며 피하면 괜찮은데, 상대방도 이에 맞서면 싸움이 된다. 아무튼 불평불만은 좋은 점이 하나도 없다. 그런데도 불평불만만 하다 아까운 인생을 다 보내는 사람이 있다.

일시적인 불평불만은 있을 수 있다. 아니, 불평불만이 생기는 것은 당연하다. 불평불만 없는 사람이 세상에 어디 있겠는가? 그런데 불평불만을 해봤자 일이 해결되기는커녕, 꼬여만 간다는 것을 경험적으로 알기에 하다 마는 것이다. 그런데 불평을 입에 달고 다니는 사람이 있다. 불평하는 것이 습관이 된 사람이다. 이것은 정말 큰 문제다.

적당히 불평하기

그러면 불평 없이 사는 것이 좋은 것인가? 불평 없이 사는 것이 가능한가? 불평은 불만에서 나온다. 그 불만은 세상에 대한 불만일 수도 있고, 자기에 대한 불만일 수도 있다. 사람의 마음은 하루에도 수없이 변한다. 세상일도 가만히 있지 않고 변한다. 따라서 사람의 일이란 잘될 때도 있고 안 될 때도 있는 것이다. 일이 잘 안 풀릴 때는 화가 나기도 하고, 짜증도 나는 것은 당연한 현상이다.

세상에 대한 불만은 가슴속에 간직하지 말고 밖으로 내보낼 필요가 있다. 불만을 간직하고 있으면 계속 가속이 붙어 불만이 온 가슴속을 채울 수 있다. 그러면 속이 탄다. 속이 불난 비정상 상태가 되는 것이다. 이를 적당히 불평으로 내보내야 한다. 불평의 소리는 상대방에게 나의 존재를 잊지 말라는 신호를 보내는 것일 수 있다. 또 자기에 대한 불만은 자기를 뒤돌아보는 계기가 되기도 한다. 이렇게 적당한 불평은 속을 태우지 않을뿐더러 자기 발전의 계기가 된다는 점에서 필요한 것이다.

문제는 습관적으로 불평하는 것이다. 사람의 잠재의식은 무섭다. 한두 번 하다보면 무의식중에 전에 하던 것을 따라 한다. 어떤 일을 한 것을 잠재의식 속에 기억해 두었다가, 같은 일을 접하면 그것이 되살아나 전에 했던 것을 재현하는 것이다. 그런데 당사자는 모른다. 자기가 한 번 사물을 비뚤게 보면 나중에도 비뚤게 본다. 그것이 자기도 모르게 반복된다. 습관이 된 것이다.

나에게 잣대를 맞추자

불평불만을 달고 다니는 사람을 좋아하는 이는 아무도 없다. 이를 고쳐야 한다. 고치는 것은 반대로 하면 된다. 저울을 달아본 사람은 알 것이다. 한쪽으로 기울면 다른 쪽에 더 놓든지, 아니면 기우는 쪽을 빼면 된다. 불평은 불만에서 나오는 것이므로 만족을 많이 느끼든지, 불만을 좀 줄여보는 것이다.

먼저 가능한 한 만족을 많이 느껴야 한다. "누구는 만족을 느낄 줄 몰라서 안 느끼는 줄 아느냐?" 하는 사람이 있겠지만, 이는 만족이라는 놈을 잘 몰라서 하는 말이다. 만족이니 불만이니 하는 것은 자기가 느끼는 감정이다. 이 세상하고는 아무 상관이 없다. 내가 이 세상을 어떻게 보느냐에 따라 불만이 되기도 하고 만족이 되기도 한다.

사물에는 양면적 요소가 있다. 사물의 한 면만 보고 전체를 속단해서는 안 된다. 자기에게 불리한 점이 있으면 유리한 점도 따라붙는다. 그런데 불리한 점만 보고, 유리한 점은 안 보기 때문에 불만이 생길 수밖에 없다. 따라서 불만이 생기기 시작하면, 사물을 볼 때 가능한 한 나에게 유리하게 보는 연습을 해보자. 그러면 불만보다는 만족이 늘 것이다.

다음으로, 좀 힘들다고 생각하면 세상을 보는 잣대를 좀 낮추면 된다. 자기가 만족할 수 있는 단계까지 잣대를 낮추면 된다. 그 잣대는 나의 것이므로 내가 마음대로 할 수 있지, 남이 고쳐주는 것이 아니다. 그런데 우리는 그 잣대를 나에게 맞추지 않고 남에게 맞추려는 경향이 있다. 남의 눈치를 보고 나의 잣대를 맞추는 것이다.

이렇게 남의 잣대에 맞추다보니까 항상 불만투성이다.

'왜 나는 남들같이 돈도 많지 않고 행복하질 않나?' 하고 불평불만을 한다. 기준이 되는 남이라는 것이 참 애매하다. 재벌에 그 잣대를 두면 나는 항상 돈이 없는 격이니 불만이다. 쓸데없이 남을 기준 삼는 바람에 내가 불만족한 것이다. 나의 만족이므로 나에게 맞추어 잣대를 두자.

6장

사람 제대로 만들기

아이를 어떻게 키울 것인가?
: 가장이 될 수 있는 어른으로 성장시켜야 한다.

1
만남이 사람을 만든다

인생은 어떻게 만들어지는가?
: 인생은 누구와 만나느냐에 따라 결정된다.

　'팔자대로 산다'는 말처럼 어느 때, 어떤 부모에게서 태어났느냐에 따라 인생이 결정된다. 암흑시대의 중세인, 계몽기의 근대인으로 사는가 하면 놀부의 자식, 흥부의 자식이 되어 산다. 어떤 나라, 어떤 지역에 태어났느냐에 따라 자기 의지와 상관없이 미국인, 아프리카인, 백인, 흑인 등으로 그 인생을 살기도 한다.

　이처럼 사람은 어떤 환경에 놓이느냐에 따라, 즉 한 사람이 놓인 시時적·공空적·인人적 환경이 어떤가에 따라 그 사람의 인생이 달라진다. 시간, 공간, 인간은 우주의 원리에 따라 형성되고 존재하는데, 한 사람이 여기에 어떻게 투영되어 우주의 일부분이 되어가느냐가 인생인 것이다.

어떤 서점에 쓰여 있는 글귀가 눈에 들어온다. '사람은 책을 만들고 책은 사람을 만든다.' 어떤 책을 만나느냐가 그 사람의 인생에 영향을 미친다는 것은 여러 사람의 경험을 통해 알 수 있다. 책은 자기가 만날 수 없는 사람을 만나게 하는 가교 역할을 하기 때문이다.

사람은 살아 있는 미완의 존재다. 살아 있다는 것은 변한다는 것이다. 그 변화는 이 세상과의 만남으로 이루어진다. 만남은 서로 영향을 주고받게 된다. 그 만남이 어떤 만남이었느냐에 따라 인생이 달라지는 것이다. 글자 그대로 사람과 사람 간人間의 관계기 때문에 인생은 만남에서 시작되어 만남을 종료하면서 끝난다.

부모와의 선천적 만남에, 친구나 스승 같은 사회적·후천적인 만남이 결합해 한 사람의 뿌리, 즉 불교에서 말하는 인연因緣을 형성한다. 이 뿌리에서 싹이 나와 제대로 성장하려면 이에 필요한 제반 여건, 즉 시·공·인이 잘 형성되어야 한다. 때가 맞아야 하고 뿌리가 튼튼하게 활착되게 토양 조건, 즉 터가 맞아야 하며 비료 등 영양분을 잘 주는 사람을 만나야 한다.

우리 인간은 사람의 뿌리 형성을 위해 교육을 시키는 현명함을 가졌다. 부모는 가정에서, 친구는 사회에서, 교사는 학교에서 한 사람의 뿌리를 만들고 싹을 틔우는 방법을 가르치고 있다. 이런 측면에서 부모가, 친구가, 교사가 제대로 아이들의 꿈을 키우고 열매를 맺게 하는 교육을 잘 시키고 있는지를 알아보는 것은 우리의 미래를 알아본다는 점에서 의미 있다 하겠다. 한 사람이 대우주의 일원이 되어 살아가려면 어떤 원리에 따라야 하는지를 알아야 하기 때문이다.

2
가정에서의 사람 만들기

집안에 왜 어른이 있어야 하나?
: 아이들이 그대로 본받기 때문이다.

절대적인 자기편이 필요하다

사람은 세상을 살아가면서 여러 가지 상황을 맞게 된다. 산전수전山戰水戰을 다 겪게 되어 있다. 왜 나만 이런 고통의 늪에 빠져 있냐고 불평하는 사람도 있지만, 알고보면 한두 가지 남모를 고통을 갖고 있지 않은 사람이 없다. 다만 그 고통을 어떻게 받아들이고 어떻게 대응하느냐가 다른 것이다. 좌절을 극복하고 우뚝 선 사람이 "가장 고통스러운 상황에서, 좌절의 위기에서 어머니가 생각났다. 우리 어머니가 나를 어떻게 키웠는데 내가 여기서 쓰러질 수 없었다"는 감동의 말을 할 때 눈시울을 적신 경험이 있을 것이다.

우리에게 어머니는 마음의 안식처요, 적으로부터 나를 보호해줄 절대적인 자기편이다. 정신심리학자의 말에 의하면 이 마음의 안식처를 안전지대라 하여 이를 갖고 있는 사람은 외부의 충격을 받아도 '외상후장애外傷後障碍(트라우마trauma)'에서 빨리 극복한다고 한다.

이 같은 학자의 말을 빌리지 않더라도, 세상을 살아가려면 어떤 상황이 닥치더라도 자기를 버리지 않을 절대적인 자기편이 필요하다는 것을 누구나 느낄 것이다. 그것은 자기를 이 세상에 있게 해준 부모밖에 없다. 부모의 사랑을 '아가페 사랑'이라고 하는데, 아이에게 있어 부모는 절대적인 존재이며 영원한 자기편이어야 한다.

물론 하나님과의 만남을 통해 하나님을 절대적인 자기편으로 할 수 있고, 부처님과 같이 깨달음을 통해 '천상천하유아독존天上天下唯我獨尊'의 경지에 이를 수 있다. 하지만 이는 평범한 우리가 쉽사리 이르기 힘든 경지라고 볼 때, 부모야말로 하나님이 맺어준 관계(천륜지간天倫之間)의 확실한 자기편이라고 할 수 있다. 이는 태아 시절부터 혈血로 연결된 관계기 때문에, 이 절대적 관계의 믿음이 부모 자식 간에 형성되어 있어야 함은 물론이다. 이 관계는 무엇과도 바꿀 수 없는, 세상에서 가장 아름다운 만남인 것이다.

그러므로 이런 절대적 관계가 흔들린다면 그 아이는 뿌리가 흔들리는 것이다. 땅에 활착을 못하고 떠 있게 된다. 지금은 잘 쓰지 않지만 '부랑아浮浪兒'라는 말이 있다. 부모 곁을 떠나 이리저리 떠도는 아이를 일컫는 말인데, 요즘 표현으로는 '문제아'일 것이다. 부모는 아이가 떠 있지 않도록 해줘야 한다.

문제아는 부모가 만드는 것이다. 부모는 아이를 잘 키울 의무가 있다. 불교에서는 이를 업業이라고 한다. 부모 자식 간 만남의 숭고성, 절대성이 손상되는 것 같아 나는 이런 말을 쓰고 싶지 않지만, 부모는 적어도 아이를 방치한 책임을 면하기 힘들다.

"애가 누구를 닮아서 저러나" 하고 한탄하지만 누구를 닮았겠는가? 자기를 닮지 않았다면 자기를 닮지 않게 내팽개치질 않았나 생각해보자. 부모가 경상도 사투리를 쓰면 아이도 경상도 사투리를 쓰질 않는가? 이는 아이가 부모를 닮는 것은 유전적인 요인도 있지만, 후천적 요인도 지대한 역할을 한다는 것을 보여준다.

부모는 아이들 앞에서는 정말 조심해야 한다. 조심하지 않으면 평생의 업이 자기 인생의 혹이 된다.

임시적 자기편과의 동거

그런데 현재의 우리는 살기 위해서 아이 곁을 떠나고 있다. 삶이라는 미명하에 바꿀 수 없는 것을 하찮은 것과 바꾸는 소탐대실의 우를 범하고 있다. 이로 인해 아이는 절대적 자기편이 없다는 의심을 품고 불안해한다.

우리 말 중에 '바깥사람' '안사람'이라는 말이 있다. 부父는 사는 데 필요한 것을 공급하기 때문에 바깥사람이라 하고, 모母는 육아 등 집안 살림을 하기 때문에 안 사람이라고 한다.

그런데 대가족에서 핵가족으로 사회가 변하고 엄마마저 바깥사람이 되어야 하는 맞벌이가 늘다보니 안사람이 없어졌다. 안사람, 즉 엄마가 없어졌다는 사실은 아이에게 엄청난 변화가 온 것이다. 맞벌이 부모는 어쩔 수 없이 아이를 놀이방, 유치원 등에 맡기고 있다. 아이는 절대적 자기편이 없어지고 대신 임시적 자기편과 동거하게 된 것이다.

맹자의 어머니孟母가 삼천지교三遷之教를 안 했으면 우리가 아는 맹자가 안 되었을 것이고, 신사임당이 없었더라면 율곡 선생도 없었을 것이다. 지체 높은 사람도 낮은 사람도 '어머니'라는 이름을 부르면 눈물이 먼저 나올 정도로 엄마라는 존재는 지극한 사랑과 존경의 대상이다.

그런데 임시적 자기편에 맡겨진 지금의 아이들이 생각하는 엄마는 무엇일까 생각해보자. 혹자는 오늘날 우리가 있게 된 것은 열성적인 어머니들의 치맛바람 덕분이라고 한다. 일부 맞는 이야기기는 하나 치맛바람이 학교에서 불었지, 가정에 불지 아니한 것은 대단한 잘못이다.

『학교에서 가르쳐주지 않는 것』이라는 책이 있는데, 우리는 학교가 모든 교육을 해준다고 착각하고 있다. 학교에 교훈이 있듯이 가정에 가훈을 두고, 가정교육이 이루어져야 한다. 가정교육을 잘 받은 아이하고 그렇지 못한 아이는 하늘과 땅 차이天壤之差다.

식탁에서부터 이루어지는 '밥상머리 교육'은 사회인에게 필요한 예절교육, 즉 에티켓 교육의 산실이다. 그런데 부모들이 바쁘다는 핑계로 그 밥상머리 교육을 포기하고 있다. 사회에 나와보면 학교에서 배운 학습능력보다는 부모의 주도하에 이루어진 예절교육이 얼마나 중요한지 알 수 있다.

아이가 아이를 낳는다

'엄마가 사라진 시대'라고 했는데, 아빠 역시 찾을 수가 없다. 전에 아빠들은 단순히 돈을 벌어오는 물주物主의 역할이 아니라, 가정을 이끌고 나가는 가장家長이라는 리

더 역할을 했다. 그래서 가정의 주인, 즉 호주戶主로서의 권위가 있었다. 이런 이야기를 하면 지금이 어느 시대인데 아직도 권위주의 사고에서 벗어나지 못하고 있느냐 하고 핀잔을 주시는 분들도 있을 것이다.

그러나 아무리 민주주의 시대라 하더라도 어느 조직이든 리더가 있어야 한다. 그 리더가 민주적 리더인지, 독재적 리더인지의 문제를 리더가 없어야 한다는 문제로 풀어가서는 안 된다.

아빠가 아빠의 자리로 돌아와야 한다. 단순히 한 가정의 물주가 아니라 한 가정의 리더가 되어야 한다. 한 가정의 리더가 되기 위해서는 리더로서의 자격이 있어야 한다. 그런데 거의 매일 비즈니스라는 명분으로 술 먹느라 늦게 들어오고, 좀 일찍 들어와서는 속옷 차림으로 TV나 보면서 아이들에게는 게임하지 말고 공부하라고 소리치니 무슨 가장의 영令이 서겠는가?

아이들은 어른의 행동을 따라 하면서 커가는 것이다. 우리가 어렸을 때 하던 소꿉놀이를 떠올려보자. 술주정하는 아빠를 흉내 내고, 거기에 잔소리하는 엄마 역할을 하는 아이들이 있다. 이런 아이는 커서 술주정뱅이가 되는 연습을 하는 것이다.

아이들은 어른의 행동을 안 보는 것 같아도 세밀히 관찰한다. 그리고 따라 한다. 아이들을 돈 주고 학원에 맡겼으니 나는 가장으로서의 책임을 다했다고 하면 큰 오산이다. 학원은 단순한 지식을 주입해주는 장소에 지나지 않는다. 조금 있으면 없어질 신기루일 뿐이다. 아이들의 진정한 선생은 집안에 있어야 한다.

그런데 평생교육의 장소인 가정에 선생이 없다. 학교에 자격 있는 교사가 있어야 하듯 가정에도 자격 있는 교사가 있어야 한다. 한 가정을 이끌려고 하면 그만한 자격이 있어야 한다. 아이가 아이를 낳는다는 말이 있다. 아이는 어른이 낳아야 한다. 그런데 어른이 아이를 낳지 않고, 아이가 아이를 낳고 있다. 우리는 아이를 어른으로 만드는 데 등한시했다. 어른은 나이를 먹었다고 저절로 되는 것이 아니다. 아이를 키울 수 있는 어른이, 아이가 배울 수 있는 어른이 가정에 있어야 한다.

대가족에서는 집안에 어른이 계셨기 때문에 결혼을 좀 일찍 해도 시어머니의 시집살이 등으로 어른 만들기 교육을 시켰다. 지금은 남녀가 결혼 적령기가 되면 단둘이 가정을 꾸린다. 예전에는 시집가기 전에 살림을 배우는 등 결혼 후의 생활을 제대로 하기 위한 준비가 있었으나, 요즘은 공부하고 취업 준비하느라 그럴 시간이 없다.

당사자도 사랑하기 때문에 결혼한다는 말을 철칙으로 하고 가정을 이룬다. 사랑한다는 것은 당사자 간의 문제다. 자식을 낳고 가정을 이끌어가는 문제가 아니다. 결국 결혼 생활에 대한 준비는 아니한 것이다. 준비 없이 결혼했으니 제대로 되는 일이 없다. 특히 육아 문제는 쉽게 접근할 문제가 아니다. '세 살 버릇 여든까지 간다'는 말이 있듯 치밀하게 계획을 수립해 행하지 않고는 버르장머리 없는 아이 때문에 남은 인생을 고생하고 살 수 있다.

사랑하기 때문에 결혼한다는 말은 어른이 될 수 있기

때문에 가정을 이룬다는 말로 바뀌어야 한다. 결혼식은 평생 사랑하며 살아갈 것을 약속하는 자리인 동시에, 자식을 낳고 제대로 기를 것을 서약하고 이를 확인하는 장이 되어야 한다.

우리는 성인식을 성인 나이가 되었으니 법률적으로 독자적인 생활을 할 수 있다고 선포하는 날로만 알고 있다. 실질적으로 성인이 되었는지 확인도 하지 않고 법률적으로만 성인을 만드는 것이다. 이제라도 성인, 어른이 되었는지 확인하자. 어른은 신체적으로, 정신적으로 성숙된 자다. 그런데 오늘날의 법률상 어른은 신체적으로는 성숙했으나 정신적으로는 아직 미숙아다. 이제부터라도 가정에서, 학교에서, 사회에서 '어른화 교육'에 힘써야 할 것이다.

가정은 평생교육장

물질만능주의에 따라 아이의 신체는 크게 발달했지만 정신적 수준은 저개발 단계에 있어 그 불균형이 심각한 것이 문제다. 학교에서도 전인교육을 목표로 하므로 정신적 측면에 대한 교육을 안 하는 것은 아니나, 학교에서는 아무래도 학업 위주의 교육에 치중할 수밖에 없고, 그나마 여러 학생이 있어 학생 한 명 한 명에 맞춤교육을 하는 것이 쉽지 않다.

이에 반해 부모는 아이들을 낳고 키우면서 무엇이 문제점인지 잘 알 수 있기 때문에 어른 만들기 교육은 가정교육이 효과적이다. 부모는 아이가 세상에 태어나서 최초로 만난 선생님이다. 아이는 부모의 말하는 법 등 일거수일투족一擧手一投足을 따라 배운다. 따라서 부모는 아이의 롤모델role model이어야 한다. 어른들이 정말 행동을 잘해야 한다.

'자기 자식은 죽어도 못 가르친다'는 말을 부모들은 경험해봤을 것이다. 교과서로 같이 공부하다보면 열불이 나서 가르칠 수가 없다. 자식을 너무 사랑하기 때문에 많은 것을 가르치려다보니 그렇다는 사람도 있다.

아니다. 가르침의 기본 원칙을 어겼기 때문이다. 가르

칠 때는 내가 가르치고 네가 배운다는 것을 명백히 해야
한다. 학교 선생님 말씀은 잘 듣는데, 부모 말을 잘 안
듣는 것은 공간과 규칙의 차이 때문이다. 집은 생활의
장소이지, 교육의 장소라는 인식이 되어 있지 않은 탓이
다. 가르치는 사람과 가르침을 받는 사이에 그것이 형성
되어 있지 않고, 선생과 학생의 권리·의무를 정하지 않
은 상태에서 교육을 하기 때문에 자식은 열불 나서 가르
칠 수 없는 것이다.

부모 자식 간이라 하더라도 명백히 할 것은 해야 한다.
이때 정情이라는 것에 이끌려서는 아무것도 못한다.

세 살 버릇 여든까지 간다

가정에서 어른 만들기 교육을 할 때 반드시 아이에게 시
켜야 할 것을 정리해본다.

첫 번째, 좋은 습관을 들이기 위해 노력해야 한다. '세
살 버릇 여든까지 간다'는 말처럼 어릴 때 좋은 습관을
들여야 한다. 어릴수록 교육의 효과가 크다. 어리다고 아

무렇게나 대하면 아이가 말 그대로 아무렇게나 된다. 확실한 교육의 원칙이 있어야 한다. 안 되는 것과 되는 것을 확실히 해야 한다. 아이가 막무가내로 떼쓴다고 이를 들어주면 아이는 막무가내가 된다.

이를 위해서는 가정 행동 기준을 정하는 것이 좋다. 가훈이 이에 해당하는데, 가훈은 일방적이고 선언적 의미가 있어 이보다는 좀 더 구체적이고 규범적인 기준, 즉 가정의 헌법을 만드는 것이 중요하다. 가정의 헌법은 가정에서 잃어버려서는 안 될 가치를 내용으로 삼고 그것을 실천한다면 구성원들은 가치지향적인 삶을 사는 사람이 될 것이다.

다음으로는, 어려운 일이지만 '마음 다스리는 방법'을 가르쳐주어야 한다. 아이가 마음을 잡지 못하고 감정에 따라 이리저리 끌려다니면 그 아이의 장래는 불을 보듯 뻔하다. 가장 기본적이면서도 중요한 것이 아이의 자제력을 키우는 일이다. 하고 싶은 것을 참는 인내력을 키워야 한다. 자제력이 없는 사람은 아무리 나이를 먹어도 헛나이를 먹은 것이다. 나는 내 자식에게 물려줄 유산 1호를 '마음잡는 법'으로 했다. 돈 들이지 않고 가장 물려주고 싶은 것이 바로 그것이다.

가정교육에서 중요한 것 하나를 더 든다면, 앞의 둘과 겹치는 내용이지만 아이를 '생각하는 사람'으로 만드는 것이다. 사람과 컴퓨터의 차이점은, 사람은 생각하는 동물이라는 것이다. 그런데 속도의 중요성이 강조되는 인터넷 사회에서는 느림을 특성으로 하는 생각하기가 별반 대접을 받지 못한다. 컴퓨터 없이 살 수 없는 세상이 되다보니 이젠 사람이 컴퓨터가 되어가고 있고, 학교 교육마저 지식 채우기식 획일화 교육으로 생각 없는 사람을 양산하고 있다.

생각하는 사람을 만들기 위해서는 질문하고 대답하는 산파법적 대화술이 좋을 것이다. 아이에게 직접 지혜를 심어주는 것은 효과가 없다. 지혜라는 것은 스스로 터득하는 것이기 때문이다. 질문을 하고 답을 하면서 본인의 문제점을 스스로 터득하게 하는 것이 효과적이다. 아이의 문제점을 아이가 생각해서 알아내는 것이 중요하다.

이를 위해서는 부모와 자식 간 의사소통이 잘돼야 한다. 맞벌이를 한다고 아이들에게 엄마, 아빠는 양육비나 대주는 물주로 비춰지는 현실에선 제대로 의사소통이 될 리 없다. 특단의 조치를 내려 아이들과 대화하는 시간을 하루에 한 번이라도 반드시 만들어야 한다. 인터넷 시대에 맞춰 인터넷 공간을 이용해 아이들과 대화하면 좀 더 쉽게 서로의 이야기를 나눌 수 있을 것이다.

3
사회에서의 사람 만들기

친구는 왜 중요한가?
: 인생을 같이 만드는 동반자이기 때문이다.

친구는 아이의 성장판

사회생활을 하다보면, 학교에서 배운 것은 거의 다 잊어버렸어도 학교 다닐 때 친구들은 계속 남아 인생의 협력자이자 동반자가 되어 살아가는 경우가 많다. 지금은 못 만나고 있더라도 꼭 만나보고 싶은 친구가 있다. 그래서 친구는 참 중요하다.

친구는 '제2의 자신'이라는 말이 있다. 아이가 가정의 테두리를 벗어나 처음 접하는 사람이 바로 친구다. 사람은 사회적 동물이라고 하는데, 한 사람이 사회화하는

데 있어서 가장 중요하는 것은 친구라는 자기편을 만드는 일이다.

주위에서 성공한 사람을 보면 친구를 잘 사귄다는 것을 알 수 있다. 친구를 잘 사귄다는 것은 상대방과 맞추기 위해 정성을 다한다는 것이다. 반대로 말하자면, 친구를 못 사귀는 사람은 상대방과 잘 맞추려고 하지 않는다. "에이, 내가 왜 그렇게까지 하면서 그 사람과 사귀려고 해" 하고 포기한다. 인생은 사람과의 관계로 이루어진다. 그 관계를 소홀히 하면 인생을 소홀히 하는 것이다. 친구를 사귀는 것은 곧 인생을 사귀는 것이다.

친구를 보면 그 사람을 알 수 있듯이 어떤 친구를 사귀느냐에 따라 그 사람의 인생이 결정된다고 해도 과언이 아니다. 친구들 중에는 성장의 자극제가 되는 친구가 있는가 하면, 인생의 나락으로 빠지게 하는 친구도 있다. 흔히들 자기의 고민을 터놓고 아무 때나 말할 수 있는 친구가 세 명만 있어도 성공한 인생이라 한다. 눈 감으면 코 베어가는 세상에서 믿을 만한 자기편을 만드는 일이

얼마나 어려운가를 보여주는 말인 동시에, 그만큼 친구
가 한 사람의 인생에 얼마나 큰 영향을 미치는가를 보여
준다. 특히 성장기에 만난 친구는 절대적 자기편인 부모
에게 말하지 못하는 것도 털어놓을 수 있는 영향력 있는
존재다. 그때 만난 친구가 건전한 경쟁 관계라면, 그 친
구는 자신의 성장판이 되어 쭉쭉 자라게 해주는 고마운
산소 같은 존재가 되는 것이다.

친구가 없다

요즈음 부모들은 휴대폰과 컴퓨터에 빼앗긴 자식을 되
찾아오려는 힘든 싸움을 하고 있다. 나쁜 친구들과 어
울리는 자식을 다시 찾아오는 것보다 힘든 싸움을 하고
있는 것이다. 학업 위주의 교육으로 우리 아이들은 학
교 다니랴 학원 다니랴 통 친구를 사귈 겨를이 없다. 또
래친구는 내가 이겨야 할 적敵일 뿐이다. 마음을 터놓고,
미래를 이야기하고, 우정을 나눌 수 있는 친구는 찾아보
기 힘들다. 이런 아이와 상대해줄 친구가 생겼으니 휴대

폰, 컴퓨터가 그것이다.

컴퓨터의 등장은 우리의 환경을 온라인On-line과 오프라인Off-line으로 확 바꿔놓았다. 그런데 그중 온라인이 영역을 급속히 확장하고 있다. '학교법'은 유해업소를 학생들로부터 떼어놓기 위해 학교로부터 몇 미터 밖으로 내몰고 있지만, 온라인 시대에 이것은 더 이상 무의미하다. 그 유해업소가 바로 학생들 손에 쥐어져 있기 때문이다. 우리의 생활을 편리하게 만들기 위해 만든 기기들이 제멋대로 우리 아이들을 만들고 있다. 기계는 놀이의 파트너는 될 수 있을지 몰라도 믿음을 나누는 친구는 될 수 없다.

부모들은 아이가 게임에 빠져 공부 등 자기가 해야 할 일을 등한시하지 않나 전전긍긍하는데, 더 큰 문제는 아이의 뇌가 게임과 같은 자극적인 것에 자주 노출되면 비자극적인 것에는 시큰둥해진다는 사실이다. 아이가 점점 더 큰 자극을 찾다보니 게임에 중독된다는 것이다. 게임에 빠진 학생이 야단 치는 엄마를 죽였다는 끔직한 일이 벌어지는 것은 어른들이 아이를 방치한 탓이다. 이제 어른들이 정신을 차려 게임에 중독된 아이를 구하는 일에 전념하지 않으면 큰일 난다는 생각을 해야 한다.

컴퓨터 대신 사람 친구를 찾아주는 일이 필요하다. 친구는 건전한 자기 발전의 촉진제다. 학원 보내는 일보다 친구를 사귈 수 있는 시간과 공간을 만드는 데 아이디어를 짜야 한다. 청소년들이 쉽게 친구를 사귈 수 있도록 교회 같은 종교단체 등 비영리법인이 적극 나서 운동, 취미 서클 활동 등을 통해 친구를 사귀면서 활동하는 것이 인생을 살아가는 데 유리하다는 생각을 갖게끔 시스템을 만들어야 한다.

온라인 시대에 이런 오프라인식 친구 사귀기는 한계가 있을 것이다. 요즘 같은 시대에 맞는 친구 사귀는 방법이 훨씬 현실적이기 때문이다. 친구와의 놀이 공간이 운동장에서 인터넷으로 바뀌고 있다. 요즘 아이들은 인터넷으로 친구를 만드는 일이 훨씬 쉽다. 인터넷이 친구와 친구를 연결해주는 진짜 인터넷internet이 되어야 한다. 인터넷이 친구가 되면 안 된다. 그런데 우리는 이에 대한 노력을 안 하고 있다. 종전에는 친구에게 당하는 물리적·언어적 폭력이 문제였으나 인터넷을 통한 사이버폭력이 더 큰 문제가 되고 있다. 악플을 달아 친구에게 상처를 주고 있는데도, 인터넷으로 괴롭히고 왕따를 시켜 친구를 자살로 내모는 데도 그냥 보고만 있다.

4
학교에서의 사람 만들기

교육의 목표는 학생들을 지식인으로 만드는 것인가?
: 아니다. 지식인이 아니라 지혜로운 사람으로 만들어야 한다.

학교 교육의 현실

사람은 배움으로 성장한다. 배운다는 것은 자신이 부족함을 알고 그 모자람을 채우는 것이다. 평생교육이라는 말이 있다. 미완의 인간은 완성을 향해 모자람을 채워가면서 성장하는 것이다. 그 배움의 효과를 높이기 위해서는 미성숙의 단계에 있는 어린아이들을 집중적으로 가르칠 필요가 있다.

그래서 생겨난 것이 학교다. 따라서 학교 교육은 한 인생의 장래를 결정짓는다는 점에서 그 중요성을 아무리 강조해도 지나치지 않다. 그만큼 학교 교육을 잘해야 한다. 그런데 우리는 아이들에게 제대로 교육시키고 있는가? '모로 가도 서울만 가면 된다'는 식의 교육을 계속할 것인가?

주입식 교육의 공과 한계

학교가 아이를 성장시키는 교육을 해야 한다는 것은 논란이 있을 수 없다. 학교 교육은 아이의 성장 잠재력을 개발하는 데 초점을 두어야 할 것이다. 우리의 근대 교육은 선교사들이 학교를 세워 서양의 발달된 문물을 소개하는 데서 시작했다. 이런 연고로 그동안 우리는 교육하면 지식을 전달하는 것으로 알았다. 따라서 대학 교육을 마친 사람은 지식인이 되어 사회를 이끌어갈 리더가 되어야 한다고 생각했다. 선진 지식을 습득하는 것은 개발도상에 있는 우리에게 많은 도움을 주었다.

그런데 스마트폰 등 정보통신 기기의 발달로 방대한 정보를 빠르게 전달하게 되자, 단순한 지식의 축적은 더

243
6장 사람 제대로 만들기

이상 무의미해지게 되었다. 매일매일 쏟아져나오는 정보를 다 안다는 것은 불가능할뿐더러 그럴 이유조차 없는 세상이 되었다. 단순 지식 쌓기 교육은 머리만 아프게 한다는 자각이 일자, 우리가 해오고 있던 지식전달 교육에 대해 다시 생각해보게 되었다.

우리는 그동안 지식전달을 효율적으로 행하기 위해 교사와 교과서 위주의 주입식 교육을 해왔다. 이런 교과서 지식을 주입시키는 교육은 아이들이 주입한 내용을 잘 암기하도록 하는 방식을 택했다. 주입식 교육은 단기간에 많은 지식을 습득해야 하는 실무교육에는 큰 효과를 냈다. 당연히 주입식 교육체제에서는 암기력이 뛰어나고, 기억력 좋은 아이들이 능력 있는 아이로 평가받았다. 심지어 똑똑한 사람을 가리켜 컴퓨터 같다고 했다. 컴퓨터 같은 두뇌를 갖는 것이 목표가 된 것이다. 실제로 사람의 암산과 계산기의 계산 능력을 비교하는 장면이 TV 등에 소개되기도 했다.

그러나 컴퓨터의 저장용량은 무한히 늘어나는 데 반

해 사람의 암기능력은 그에 못 미치는 상황이 도래하자, 글자 그대로 컴퓨터 세상이 되었다. 사람보다는 컴퓨터를 믿는 세상이 된 것이다. 사람의 기억력은 컴퓨터의 출력output 기능을 쫓아갈 수가 없다. 사람은 입력input한 것을 컴퓨터의 검색 기능으로 빼낼 수가 없다. 오히려 입력한 것을 그대로 빼낸다면 큰일 난다. 사람은 자동적으로 잊어버리는 놀라운 기능을 가지고 있다. 컴퓨터 측면에서 보면 오류투성이 불량 컴퓨터다. 인간의 컴퓨터화 교육은 당초 불가능한 것이었다.

그런데 우리는 강제적으로 지식을 머릿속에 집어넣어 언제든지 꺼낼 수 있게 암기하도록 하고 잘 외웠나 시험을 본다. 입력 자료를 100퍼센트 잘 꺼낸 사람에게는 좋은 학교에 들어갈 수 있는 특전을 주어 인생을 살아가는 데 가산점을 주는 시스템에 살고 있다. 컴퓨터의 등장으로 이런 교육은 필요 없게 되었는데도 계속하고 있다. 쓸데없는 교육을 하고 있는 것이다. 거꾸로 잠재력 개발과 같이 장기적 성장 교육에는 역효과를 낼 수 있는데도 말이다.

지식에서 지혜로

지식은 지혜를 낳을 수 있지만 어떤 지식은 지혜 형성에 오히려 장애가 될 수 있다. 우리 시대에 필요한 사람은 지혜로운 사람이다. 따라서 교육은 지혜로운 사람 만들기에 중점을 두어야 한다. 지혜는 강제적으로 만들어지는 것이 아니다. 깊이 생각해 자기가 깨우쳐야 한다. 고기를 갖다주는 교육이 아니라, 고기 잡는 법만 가르쳐주고 고기는 자기가 잡도록 하는 교육을 시켜야 한다.

우리 교육은 아이들을 생각하는 존재로 만들질 않고 생각 없는 컴퓨터로 만들고 있다. 현재 교육은 고등학교까지의 교육기관과 대학교의 학문기관으로 나뉘는데, 교육기관이 학문기관을 지향하는 데 문제가 있다. 이제 유치원 들어가는 아이에게 속칭 일류대를 보내려면 영어 조기교육을 시켜야 한다고 모조건 영어를 외우게 한다. 앞서도 언급했듯 우리의 신체기관은 쓰면 발달하고 안 쓰면 퇴화되는 용불용설의 특성이 있다. 외우는 것을 어릴 적부터 지속적으로 시키다보니 암기력은 발달하는데 사고력은 퇴화되어간다. 만물의 영장이 컴퓨터가 되어가는 것이다.

우리나라에서 좋은 대학에 들어가려면 반복학습이 필수적이다. 학교 교과서를 과외 선생이, 학원 선생이 지겹도록 반복 암기시켜 잊어버리지 않도록 공부시킨다. 그러다보니 사교육비가 문제가 되고, 이는 빈부계층의 고착화라는 사회적 위화감마저 낳고 있다. 더 큰 문제는 정작 대학생이 되어서는 생각하는 능력이 거의 상실되어 학문의 전당에서 추구하는 진리 탐구는 도전조차 못한다는 것이다.

가능성을 확인하는 교육

어떤 사람은 주입식 교육이 오늘날 발전된 대한민국을 만들었다고 하는데, 이는 일부 일리 있는 말이긴 하나 다시 한 번 검증해봐야 한다. 과거 대한민국이 선진국보다 상대적으로 많은 자원이 있었다면 그건 바로 인적자원이었다. 그래서 그 인적자원을 국가발전에 최대한 활용하기 위해 교육에 집중했는데, 그 내용 역시 선진국의 발달된 기술과 지식을 받아들이는 것이 중요했으므로 획일적 주입식 교육이 효과적이었다.

특히 압축성장의 시절에는 장기적인 인문 교육보다 단기적인 실용 교육이 필요하다 보고, 실업계 교육 즉 기능인 양성 시책을 국가적 차원에서 실시한 것은 참 바람직한 일이었다. 이러한 범정부적 노력은 우리의 경쟁력을 높이고 발전한국의 밑바탕이 되어 한강의 기적을 낳는데 결정적 계기가 되었다. 덕분에 우리나라는 품목에 따라서는 세계 1, 2위의 선진국이 되었다.

그런데 이제 우리는 모방의 시대를 넘어 창조의 시대에 접어들었다. 우리가 스스로 새로운 세상을 창조해내야 한다. 1등만이 살아남을 수 있는 상황이 되었다. 모방의 시대에 있는 현재의 교육 제도는 창조의 시대에 맞추어 지혜로운 한국인을 양성하는 방향으로 전면 수정돼야 할 것이다.

이를 위해 지금이라도 아이의 가능성을 확인시켜주는 교육을 시작해야 한다. 아이들의 잠재력은 무한하다. 이를 개발해 아이들의 꿈을 실현시키는 교육이 되어야 한다. 그러기 위해서는 아이의 잠재력을 확인하고 가능성을 열어주는 교육이 필요하다. 인생의 목표를 달성하는 데는 여러 가지 길이 있다.

지금까지의 일방적인 교육은 아이의 장래를 막을 뿐이다. 아이들에게 장래희망을 적어내게 하는 형식적인 방법은 아무런 도움이 안 된다. 좀 더 아이들을 관찰하고 이에 걸맞는 잠재력 개발 프로그램을 만들어내는 데 노력을 기울여야 할 것이다.

일류대 지향이 능사인가

어느 고등학교 교감으로 있는 친구가 최근 카톡에 글을 올렸다. 그 학교의 학생 다수가 S대 수시에 합격해 경사가 났다는 것이다. 고등학교에 근무하는 친구들이 "대박이다" 하면서 축하하는 댓글을 달았다. 그런데 나는 왠지 축하하고픈 마음 대신 우리 교육의 속내를 보는 것 같아 씁쓸한 생각이 들었다. 가르친 학생이 일류대학에 합격한 것이 자랑스럽기는 하겠지만, 일류대학에 가지 못한 나머지 많은 학생들은 그럼 자랑스럽지 못하다는 말인가? '학원'의 강사와 '학교'의 교사는 그 역할이 분명 다른데도 '좋은 대학 보내기'라는 똑같은 목표를 향해 달리고 있는 현실을 그대로 두는 것이 과연 옳은 일인가?

학교 교육의 목표부터 따져보자. 첫째, 학교 교육의 목표가 건전한 사회인의 양성인지, 국가의 동량이 될 인재의 양성인지 짚고 넘어가자. 우리 교육 현장을 보면 위의 이야기처럼 엘리트 위주의 교육을 하는 것 같다. 교육, 즉 가르침은 모자람을 채워주는 과정이다. 그렇다면 고등학교까지의 교육은 엘리트가 아닌 건전한 보통사람을 양성하는 데 그 목표를 두어야 한다. 특히 교육과정에 뒤처지는 사람이 없도록 해야 한다.

그러면 영재 교육은 어떻게 하냐고 반문이 있을 수 있

는데, 이는 부가적 제도, 즉 월반제도 등으로 보완하면 문제가 없고 더 효율적일지 모른다. 문제는 학교 교육의 주요 목표가 몇 명이 될지 알 수 없는 영재를 양성하는 데 맞춰서는 안 된다는 것이다.

특정인을 위한 교육은 안 된다. 국민 전체를 위한 교육이어야 한다. 1등에게 상장 주고 박수 치는 교육은 이제 그만두어야 한다. 꼴찌에게도 박수 치는 교육이 되어야 한다. 학교는 배움의 장소다. 1등을 위한 교육은 1등을 위한 사회를 만든다. 비엘리트에 대한 배려가 없는 현재의 교육은 이 사회에 큰 재앙을 낳을 수 있다. 엘리트 교육은 대학교부터 시작되어도 늦지 않다.

둘째, 학교 교사의 역할이 학원 강사의 역할과 같아도 되는지 생각해보자. 우리나라에서 학교와 학원의 역할이 같은지 다른지를 묻는다면 같다는 답변이 많을 것이다. 수능시험을 끝낸 뒤의 교실과 기말시험 후의 교실을 보면 학생들이 왜 학교를 다니는지를 알 수 있다. 시험을 보기 위해 다닌다고 해도 틀린 말이 아니다. 그렇다면 학교 교사보다 학원 강사가 학생들에게는 유능한 선생님이 될 수 있다. 그래서 대안학교마저 등장하는 현실이 되었다. 학교 교사를 학원 강사보다 못하게 전락시켜서는 안 된다.

셋째, 암기 위주의 교육이 현재에도 필요한지 따져보자. 2013년 대입수학능력시험 세계지리 8번 문항과 관련해 취소 소송이 있었는데, 나는 그 문제를 보고 깜짝 놀랐다. 유럽연합이 북미자유무역협정보다 총생산액의 규모가 크다는 지문이 옳은지가 문제였는데, 나는 왜 이런 문제를 내는지 도무지 이해가 가지 않는다. 이런 단순 암기사항을 IT기술이 세계 최고 수준인 우리나라에서 학생들이 머릿속에 입력시킬 필요가 있을까? 물론 암기력을 높이는 것도 중요하다고 할 수 있지만, 아무리 높여도 컴퓨터를 따라갈 수 없고 따라갈 필요도 없다.

넷째, 검정교과서식 획일적 교육이 학생들의 가능성을 빼앗아가는지 생각해보자. 청소년은 꿈을 품고 살아야 한다. 가능성이 무한하기 때문이다. 따라서 학생들의 무한한 잠재력을 발현시키는 방향으로 교육이 이루어져야 한다. 학생의 적성을 안다는 것은 교육시키는 입장에서 보면 대단히 중요한 일이다. 그런데 우리는 적성검사 결과를 학생에게 통보해주고 교육시키는 데는 전혀 참고하지 아니한다. 소위 맞춤교육을 할 수 없는 형편이다. 검정교과서를 가지고 적성에 상관없이 일방적으로 가르치고, 못 따라오는 학생이 있어도 할 수 없다.

왜 우리는 같은 사고체계를 지닌 똑같은 사람을 만들어내는가? 갑자기 개인별 교육을 시행하는 것이 어렵다면 현대의 일방적 교육을 상담제도의 활성화를 통해 쌍방향 교육으로 전환하고, 지면을 통한 적성검사가 아니라 지속적 관찰의 자료에 입각한 교육이 필요하다.

다섯째, 고등학교는 과연 대학입시 학원인가에 대한 진지한 토론이 있어야 할 것이다. 우리는 대학만 나오면 무조건 잘될 것이라는 환상을 가지고 있다. 심지어 대학 안 나오면 결혼 중매쟁이까지 얕본다. 그래서인지 고등학생의 대학 진학률이 거의 80퍼센트에 이른다. 하루빨리 환상을 깨자. 대학교육을 안 받고도 대통령이 된 분이 두 분이나 계시고, 대기업을 창업해 세계적인 기업으로 만드신 분도 계시지 않은가? 대학교육이 필요하면 물론 대학에 가야 한다. 학위장사와 관련된 씁쓸한 보도를 보면 상당수가 간판 때문에 가는 것이 아닌가 싶다. 시간과 돈이 아깝지 아니한가?

그런데 우리 현실은 어떤가? 외국어 전문가 양성을 위한 외고가 좋은 대학에 가장 많이 들어가는 입시 명문고가 되었고, 오늘날의 우리나라를 만드는 데 앞장섰던 공고, 상고 등 실업계 고등학교는 입시명문 고교에 치여 있다. 이는 대학 나온 사람들이 프리미엄을 받는 사회구조에서 비롯된 것이므로 이는 거의 혁명 차원으로 바꿔야 할 것이다.

이력서로 자신을 중간평가 하자

세월이 눈 깜짝할 사이에 가버렸다. 평균 수명이 길어
졌다고는 하나, 어느덧 인생의 하반기에 접어든 것을 보
고 인생의 무상함을 느끼는 것은 어쩔 수 없나보다. 우
리는 가끔 과거로 타임머신을 타고 가다가 '아! 그때 내
가 그걸 했더라면, 안 했더라면' 하고 후회를 한다.

우리는 기회를 잃어버린 것을 너무나 애통해하는 것
같다. 기회를 놓친 것은 복권에 당첨되지 않은 것처럼 인
생에 있어서 일상의 일이다. 한 번 기회를 잡았다고 해서
인생이 성공하는 것도 아닌 것은 복권 당첨이 인생의 성

공으로 이어지지 않는 것과 같다.

　인생을 어느 정도 살아온 사람이 새옹지마塞翁之馬 넉
자에 고개를 끄덕이는 이유가 있다. 인생을 살면서 일희
일비一喜一悲할 필요가 없다. 앞으로 덜 후회하고 살려면,
삶을 복기해보고 패착의 이유를 알아볼 필요가 있다. 다
시 말하면 자기평가를 해보는 것인데 우리는 이 과정을
너무 무시하는 것 같다. 일정 규모 이상의 회사는 회계
검사를 받는 것처럼 우리도 평가를 받아보는 것이 중요
하다. 나를 잘 아는 사람이나 조직이 있으면 그에 맡길
수 있지만, 나보다 나를 잘 아는 사람이 없을 것이므로
자기평가가 중요하다. 이를 가지고 다른 사람에게 평가
를 맡기는 것이 평가의 오류를 줄일 수 있을 것이다.

　암이라는 치명적인 병을 예방할 수 있는 방법이 조기
검진이듯 인생을 조기검진 해볼 필요가 있다. 검진에 있
어서 문진問診이 중요하듯 오늘날의 나를 만든 중요 요인
을 적어내는 이력서를 작성해보는 것이 좋다. 그런데 막
상 이력서를 작성해보면 딱히 쓸 것이 없어 애를 먹는 경

우가 많다.

　이력서는 현재의 나를 나타내는 것이다. 사십 대 이후의 얼굴은 자기에게 책임이 있다는 말이 있듯 이력서를 작성함에 있어서는 현재의 내가 어떻게 만들어졌는지, 현재의 나에게 가장 영향을 준 중요한 만남을 쓰는 것이 중요하다. 이력서에 통상 쓰는 생년월일, 본적, 주소와 같은 내 의지로 어쩔 수 없는 선천적·숙명적 요인은 기본사항으로 쓰고, 학력이나 경력 같은 후천적·선택적 요인을 나누어 써보자. 사람은 선천적으로 어떻게 태어났느냐도 중요하지만, 살아가면서 이를 어떻게 변화시켰는가 하는 것이 더 중요하기 때문이다.

　손금대로 산다는 말도 있지만 손금도 변한다고 한다. 이렇게 인생을 변화시킨 요인, 즉 만남을 잘 정리하고 분석하자. 인생에는 변곡점turning point이 있다. 이 전환의 계기, 원인 등을 잘 분석하자. 그러다보면 결국 사람과의 만남이 중요했다는 것을 알 수 있다.

　공자도 음식은 가려 먹고 친구는 가려 사귀라고 했다.

친구의 꾐에 빠져 인생을 망치는가 하면, 친구의 도움을 받아 큰사람이 되는 사례가 있을 수 있다. 따라서 어떤 친구와의 만남이 어떤 영향을 미쳤는지, 어떤 책과의 만남이 어떤 영향을 주었는지, 유명인과의 만남, 종교와의 만남 등 자기가 변하게 된 요인을 하나하나 기술해보고 반추해보는 것은 미래의 삶을 꾸미는 데 중요한 역할을 할 것이다. 강력히 추천한다.

KI신서 5694

무심의 마음으로 살아라

1판 1쇄 발행 2014년 7월 25일
1판 2쇄 발행 2014년 8월 28일

지은이 김정하
펴낸이 김영곤 **펴낸곳** (주) 북이십일 21세기북스
부사장 임병주 **출판사업본부장** 주명석
국내기획팀 남연정 이경희 **디자인** 손성희
영업본부장 안형태 **영업** 권장규 정병철
마케팅 민안기 최혜령 강서영 이영인
출판등록 2000년 5월 6일 제10-1965호
주소 (우413-120) 경기도 파주시 회동길 201(문발동)
대표전화 031-955-2100 **팩스** 031-955-2151 **이메일** book21@book21.co.kr
홈페이지 www.book21.com **트위터** @21cbook
블로그 b.book21.com **페이스북** facebook.com/21cbooks

© 김정하, 2014

ISBN 978-89-509-5636-3   03320
책값은 뒤표지에 있습니다.